JN333778

〈戦争〉と〈国家〉の語りかた

戦後思想はどこで間違えたのか

井崎正敏
Izaki Masatoshi

言視舎

〈戦争〉と〈国家〉の語りかた——戦後思想はどこで間違えたのか＊目次

第二章　兵隊、われらが同胞　火野葦平の「戦争」　079

第三章　兵隊たちの抵抗　大西巨人の「戦争」　100

〈戦争〉と〈国家〉の語りかた

——戦後思想はどこで間違えたのか

序章　戦後思想の初心と挫折　吉本隆明の「戦後」

1.　吉本隆明を送る

追悼のマナー

二〇一二年三月十六日未明に吉本隆明氏が亡くなった。戦後思想ほとんど最後の牙城を守ったひとの死によって、敗戦を契機に胚胎した思想群はついにそのオリジナルな担い手を失った。

その数日後、私は吉本にもっとも信頼された編集者と「吉本主義者」を自任する評論家との三人で酒席を囲んでいた。かれらは、ひとの出入りの多い吉本家の日常とはうらはらに、孤独な思索をつづけた思想家の内面を回想し、その「革命」の意味について語りあった。私はただ耳を傾けていただけだったが、かれらの吉本に対する敬愛と信頼に裏打ちされた話は尽きず、早朝に及んだ。

新聞に掲載された追悼の文章もその種の信頼感にあふれていた。たとえば朝日の高橋源一郎は以下のように書いた。

ある時、本に掲載された一枚の写真を見た。吉本さんが眼帯をした幼女を抱いて、無骨な手つきで絵本を読んであげている写真だった。それは、ぼくが見た、初めての、思想家や詩人の「後ろ姿」の写真だった。その瞬間、ずっと読んできた吉本さんのことばのすべてが繋がり、腑に落ちた気がした。「この人がほんものでないなら、この世界にほんものなんか一つもない」とぼくは思った。

「立派そうなことをいっているが、実際はどんな人間なんだろう」とか、「ほんとうは、ぼくたちのことなんか歯牙にもかけてないんじゃないか」といった、他の思想家たちに抱く疑いを吉本はみじんも感じさせなかった。高橋はそこに吉本思想の「ほんもの」である根拠を見出した。「どんな思想家も、結局は、ぼくたちの背後からけしかけるだけなのに、吉本さんだけは、ぼくたちの前で、ぼくたちに背中を見せ、ぼくたちの楯になろうとしているかのようだった」。

物もらいか結膜炎で眼帯をかけた娘に本を読んでやる父親の姿など、ごくありきたりの風景にすぎない。だがその父親が「あの」吉本であり、その写真を公表させたことに「吉本主義者」たちは参った。あるいはそのことで「吉本主義者」に転進したのであった（その幼女がのちのよしもとばななであり、読んでいたのが「タイガーマスク」であったことが神話化を促進した）。

読売掲載の鹿島茂は、吉本に対する「倫理的な信頼感の根底にあるもの」として、吉本が「『豊かになりたい』『幸福になりたい』という願望を『徹底的』に肯定したこと」を挙げた。

鹿島がかつて出した『吉本隆明１９６８』（二〇〇九年）という書物は、題名からもわかるように団塊世代の吉本論であったが、世代論と出身階層論（吉本も鹿島もともに下層中産階級の出身）を基調に吉本を論じたあとで、さらりと吉本の思想の核にあるものについて言及していた。

下層中産階級出身のインテリ予備軍たちはしばしば、「自分の得にならないことはしたくない」という欲望と、「そんな欲望ははしたないのではないか」という思いに引き裂かれる。そんなとき吉本ならば、「前者の欲望は即座に肯定されるべきだ」と即答するだろう。だれもが否定できないごくあたりまえの欲望を吉本がてらいもなく肯定することに、鹿島は打たれたのであった（このあたりまえのことが知識人とその予備軍にとってはじつに難題であった！）。かつて「下層中産階級出身のインテリ予備軍」であり、その後も万年「インテリ予備軍」でありつづけた多くの「吉本主義者」も、このあたりの吉本につよく引きつけられたはずである。

朝日・読売の追悼文はともに、常人であればごくふつうの風景やしごくあたりまえの欲望を例にあげて、カゲキな口調であるいは良心的なふりをして読者をたきつけ自分を売り込む大方の言説とはちがった、吉本の言説の信頼に値する所以を語っていた。

やはり「全共闘世代」の勢古浩爾が吉本生前に出した『最後の吉本隆明』（二〇一一年）も、おなじ思いを述べていた。若い人から「吉本さんっていったいなにをした人」と訊かれたら、どう答えるか。「この世で、『ただの人』が一番偉いということをいった人だよ」。そして「知識人と『ただの人』を垂直に貫くその直立性こそが吉本隆明である」とまとめた。

かれらの吉本像は、「大衆の原像」という吉本が生涯にわたって堅持した思想の倫理に直結していた。「思想」などというほんらいやくたいもないものが意味をもつとしたら（その可能性を吉本はむろん確信していたのだが)、それはみずからの思想のなかに、日々の生活圏の外に一歩も踏み出さない「大衆」という存在様式をしっかり繰り込む以外にはないというモラルであった。それだけが、「大衆」的な生からよかれあしかれ離脱せざるを得なかった孤独な知識人の思想のリアリティを保証するものであった。

高橋や鹿島にかぎらず「吉本主義者」を任ずるひとたちが吉本の死に際して、吉本の「大衆」的なものに対する態度の取りかた、あるいは「大衆の原像」といった思想のモラルについて語っていたのは、追悼というマナーにふさわしい風景であった。しかしそれは戦後思想に波風を立てつづけたひとを送るには、あまりにも行儀のよすぎる風景のように私には思えた。

フクシマ後の吉本

吉本の死に先立つ一年前、東日本の太平洋岸を襲った地震と津波、そして福島第一原子力発電所の大事故による災害に遭遇した私たちは、時々刻々の報道に釘付けになるとともに、その真相をもとめて頭を悩ませた。そのとき、吉本はいまどう考えているのだろうかと思った人は少なくなかった。それに答えるようにいくつかの新聞や週刊誌が吉本にインタヴューした。

吉本の答えは、3・11以降、つまり原発の安全神話が崩壊し、その危険性がわれわれの眼前に突きつけられた時点においても、以前と見事なまでに変わりがなかった。「動物にない人間だけの特性は前へ前へと発達すること。技術や頭脳は高度になることはあっても、元に戻ったり、退歩することはあり得ない。原発をやめてしまえば新たな核技術もその成果も何もなくなってしまう。今のところ、事故を防ぐ技術を発達させるしかないと思います」（『毎日新聞』二〇一一年五月二十七日夕刊）。「原発をやめる、という選択は考えられない」、「発達してしまった科学を、後戻りさせるという選択はあり得ない。それは、人類をやめろ、というのと同じです」（『日本経済新聞』二〇一一年八月五日朝刊）。科学の限界は科学によってしか超えられない、という持論の再確認であった。

また脱原発の考えかたは「あまりに乱暴な素人の論理」であるときめつけ、「人類が積み上げてきた科学の成果を一度の事故で放棄していいのか」と反問し、「自動車だって事故で亡くなる人が大勢いますが、だからといって車を無くしてしまえという話にはならないでしょう」と挑戦的に語っていた。ここでも、原発を放棄することは文明を発展させてきた技術を否定することであり、「人間が猿から別れて発達し、今日まで行ってきた営みを否定することと同じ」だと強調する。そして「我々が今すべきは、原発を止めてしまうことではなく、完璧に近いほどの放射線に対する防御策を改めて講じること」だと提言した（『週刊新潮』二〇一二年一月五・十二日合併号）。

脱原発をいうことが即良心的であるとした多くの物書きのなかで、吉本の態度は際立っていた。そして吉本の科学技術に関する年来の主張は一般論としては正しい。少なくとも大きな説得力をもつ。しかし原発がほとんど原理的なレヴェルで人間に統御不可能なシステムだという事実にあえて眼をつぶり、つまり他のもろもろの科学技術と横並びにすることで、一般論に解消するという詭弁まがいの暴論を吉本は弄していた。

「文明の発達というのは常に危険との共存だったということを忘れてはなりません」（同上）と吉本がいうまでもなく、あらゆる技術にはリスクがともなう。原発だけがリスクを背負っているわけではない。だからといって自動車と原発とを同列に並べることはできない。原発の運転はつねに大きな危険をともない、さらにひとたび暴発すればほとんど制御不可能となり、その被害はきわめて広範囲かつとてつもなく長時間におよぶことを、われわれは今回現実に思い知った（理論的にはこれまでも知っていたはずだったのだが）。また他の原発大国とはちがって日本が地震大国であること、そしてその活動期に現在突入していることも、われわれは身をもって知らされている。

それでも、「完璧に近いほどの放射線に対する防御策を改めて講じる」ことで原発をさらに推進するのか（それが技術的に可能であったとしても、膨大なコスト増となるだろう）、少なくとも現時点ではリスクの大きすぎる原発から撤退するのかは、科学技術の発展のなかの選択（試行錯誤）の問題であって、吉本がいうような前進か後退かという単純な問題ではない。脱原発は吉本の一般論にかならずしも矛盾しないのである。

またたとえ今後しばらくのあいだ原発が大事故を引き起こさなかったとしても、人類がまだ存続しているのかさえ覚束ない時代の世代へ（十万年後！）、われわれは大量の放射性廃棄物を先送りしている。赤字国債などと比較にならない後世への負の遺産である。

もうひとつ。リターンを期待するならそのリスクをも引き受けるのが、ゲームの暗黙の前提である。クルマに乗るひとは乗らないひとより事故のリスクがはるかに大きい（被害者になるにせよ加害者になるにせよ）。だが原発の場合、リターンを享受するひとたちとリスクを負うひとたちとがはっきり異なることが、今回鮮明になった（これも議論のレヴェルでは明らかなことだったのだが）。

たとえばなんのリターンも約束されていなかった飯舘村のひとたちが生活の基盤である村を追わ

れ、いつ戻れるかもわからないという絶望的なリスクだけを背負わされた。また原発立地のひとびとは補助金や雇用機会というリターンをプリペイドされるかたちでリスクを引き受けるという、苦渋の選択を迫られてきた。

その一方、「原子力ムラ」のひとびとは論外としても、東京電力が供給する電気をふんだんに使ってきた私たち首都圏の人間は、いまでも福島のひとにくらべてわずかなリスクを負担するだけで、大きなリターンを得ている。どう見てもフェアーなゲームではない。こういうアンフェアーな事態を吉本流の一般論は覆い隠してしまうのである。

吉本は大衆に迎合したのか？

吉本は脱原発の発想を素人の「恐怖感」によるものだと非難したが（『週刊新潮』）、しかしこの恐怖感にははっきりした理由がある。いちがいに集団ヒステリーなどと決めつけることはできない。むしろ専門家といわれるひとたちの無見識で無責任な事故対応を吉本はどう眺めていたのだろうか。吉本のこの素人蔑視の態度こそ、かれが嫌った「前衛」意識に通いあうものではないだろうか。

それにしても、吉本の三十年来の持論にまったくブレはなかったし、反核問題、薬害エイズ問題、オウム問題に際して示された吉本の反骨精神が、ここでも遺憾なく発揮されていた。かつて敗戦を契機に価値観が一八〇度変わった時代に、小林秀雄が戦中からの考えかたを変えなかったことに対して、青年吉本は感動した。吉本はその頃を回想し、フクシマ以後と戦後の時代とが重なって見えると語った（同上）。その心情はわからないわけではないが、しかし小林は思想の安易な乗換えを拒否しただけで、聖戦を継続せよといったわけではない。

姜尚中はややおくれた追悼文で、かつては天皇制などの「日本的情況」と血みどろの格闘をした吉本が、八〇年代には「大衆の欲望をフェティッシュに担ぎ回る消費資本主義のトリックスターに変貌していた」と批判し、この転落は「大衆の実感に寄り添う吉本の思想が辿らざるをえなかった必然」だと結論した。さらにかつて姜たち全共闘世代は「近代主義」の権化として丸山眞男を批判したけれども、原発事故に際して「科学によって科学の限界は超えられると嘯《うそぶ》いた」吉本こそ、「近代主義者」そのものだったと畳みかけた（『朝日新聞』二〇一二年三月二十七日夕刊「吉本隆明を悼む」）。

姜が大衆迎合を非難するといささか苦笑を禁じ得ないが、それはともかく、ここで奇しくも姜は吉本を批判するために丸山を持ちだした。戦後思想を代表する二大巨頭でありながら、評価において並び立つことのなかったふたりの対比が、追悼の場においてふたたび浮かび上がった。このテーマは戦争と民衆をめぐる態度の取りかたの問題としてつぎの章で考えるが、この章の後半では、「大衆の原像」をもとめた吉本が高度資本主義下の大衆の実像に足を取られ、大衆迎合の思想を唱えるにいたったという、姜にかぎらず多くの論客によって指摘されている問題について考えておきたい。

その前にひとつ。吉本はさきの『日経新聞』のインタヴューの最後で、つぎのようにつぶやいていた。「全体状況が暗くても、それと自分を分けて考えることも必要だ。僕も自分なりに満足できるものを書くとか、飼い猫に好かれるといった小さな満足感で、押し寄せる絶望感をやり過ごしている。公の問題に押しつぶされず、それぞれが関わる身近なものを、一番大切に生きることだろう」。ここにさりげなく語られている人生観は吉本初心のものだ。そこは見落とすべきではないだろう。

2．「大衆の原像」というモラルはいまも有効なのか？

吉本の「大衆」論や「共同幻想」論を読むたびにいつも連想する中国の故事がある。むかし漢文で習った「鼓腹撃壌」という話だ（出典は元代の『十八史略』）。堯舜二代として有名な伝説の聖天子・堯にまつわる逸話である。

「帝力何ぞ我に有らんや」

堯帝の御世は太平に治まっていた。堯はそれを自分の眼で確認したいと思い、民情を視察することにした。お忍びの姿で街に出ると、子どもたちが堯帝の治世を讃える歌を合唱して遊んでいた（堯帝はこれにひとまず満足した）。またひとりの老人が腹をたたき地面を踏み鳴らして（鼓腹撃壌）、楽しそうにうたっていた。

日出でて作し、日入りて息《いこ》ふ。
井を鑿《うが》ちて飲み、田を耕して食らふ。
帝力何《いずくん》ぞ我に有らんや。

堯帝はこれを見て安心した。農夫が「帝の力なんぞ自分になんの関係があるんだい」と思えるほどに政治が安定し、人々が平和に暮していたからである。さすが聖天子である、「だれのおかげだ」と居丈高に怒ったりはしない。

仁政も堯帝のレヴェルにまで達すると（無為に徹していただけかもしれないが）、権力の作用すら見えなくしていたのであった。しかし堯が「いまの帝をどう思うか」と尋ねたところ、農夫も子どももも「帝ってだれのことだい」と答えた、という話ならばもっと面白かったのにとは思う。

吉本隆明が大衆の範型としてとらえたのも、まさしく「鼓腹撃壌」の生活像であった。この大衆観は六〇年安保を経た六〇年代の半ば頃に現われる。つまり安保闘争の敗北を嚙みしめるなかから生み出された思想概念なのである。

「生涯のうちに、じぶんの職場と家をつなぐ生活圏を離れることもできないし、離れようともしないで、どんな支配にたいしても無関心に無自覚にゆれるように生活し、死ぬというところに、大衆の『ナショナリズム』の核があるとすれば、これこそが、どのような政治人よりも重たく存在しているものとして思想化するに価する。ここに『自立』主義の基盤がある」（「日本のナショナリズム」、一九六四年）。あるいは、「たとえ社会の情況がどうあろうとも、政治的な情況がどうであろうとも、さしあたって『わたし』が現に生活し、明日も生活するということだけが重要なので、情況が直接にあるいは間接に『わたし』の生活に影響をおよぼしていようといまいと、それをかんがえる必要もないし、かんがえたとてどうなるものでもないという前提にたてば、情況について語ること自体が意味がないのである。これが、かんがえられるかぎり大衆が存在しているあるがままの原像である」（「情況とはなにか」、一九六六年）。さらに、「大衆」は国家の「法的言語」に対して「沈黙の意味性でもって服従している」とも書いた（「自立的思想の形成について」、一九六七年）。「大衆」とは、自身の私生活や仕事にもっぱら心を注ぎ、そこを越えた余計な幻想や関心などには心を動かされないという民衆像である。つまり理念型であり理想型であるから、現実の「大衆」はつねにそこからなんらかのかたちで逸脱する存在であることはいうまでもない。

この「大衆」は、近代主義者が考えたように、知識人に「啓蒙」されなければ開化しない遅れた存在ではなく、またマルクス主義者が規定したように、「前衛」というエリート集団に指導されてはじめて歴史を動かす主体となり得るといった存在でもなかった。また民衆史観の歴史家が発掘した知的で情熱的な民衆エリートとも大きく異なった。それどころか吉本は、そういうエリートたちの指導者意識や権力意識が運動自体を抑圧的なものに転化する機微をしっかり見抜いていたはずであった。

「大衆の原像を繰り込め」

吉本がいかに「大衆の原像」をしかと見すえていたからといって、「大衆」の生活のありかたが吉本自身の生活の理想像ではない。吉本自身は知識人であることによって即自的な「大衆」からすでに疎外され（これはいいとかわるいとかいうレヴェルの問題ではない）、逆に透徹した世界観を保持する責務を自身に課していた。つまりある内的な理由によって「大衆」から外れてしまった人間として、懐かしく、優しく、しかし緊張をはらんだまなざしで「大衆」を眺めつつ、その代償として知識人としての自覚を高めたということである。

吉本はマルクスと大衆とを対比させて、前者に「幻想の領域」、後者に「現実の領域」を割りふり、そこになんら優劣の関係がないことを主張した。

ここでとりあげる人物は、きっと、千年に一度しかこの世界にあらわれないといった巨匠なのだが、その生涯を再現する難しさは、市井の片隅に生き死にした人物の生涯とべつにかわりはない。市井の片隅に生まれ、そだち、子を生み、生活し、老いて死ぬといった生涯をくりかえした無数の人物は、千年に一度しかこの世にあらわれない人物の価値とまったくおなじである。人間が知識――それはここでとりあげる人物の云いかたをかりれば人間の意識の唯一の行為である――を獲得するにつれて、その知識が歴史のなかで累積され、実現して、また記述の歴史にかえるといったことは必然の経路である。そしてこれをみとめれば、知識について関与せず生き死にした市井の無数の人物よりも、知識に関与し、記述の歴史に登場したものは価値があり、またなみはずれて関与したものは、なみはずれて価値あるものであると幻想することも、人間にとって必然であるといえる。しかし、この種の認識はあくまでも幻想の領域に属している。幻想の領域から、現実の領域へとはせくだるとき、じつはこういった判断がなりたたないことがすぐにわかる。市井の片隅に生き死にした人物のほうが、判断の蓄積や、生涯にであったことの累積について、けっして単純でもなければ劣っているわけでもない。これは、じつはわたしたちがかんがえているよりもずっと怖ろしいことである。

（『カール・マルクス』、一九六六年）

吉本によれば、大衆（ここ以降カギを外して表記するが、すべて吉本のいわゆる大衆という意味）より卓越していると思い込んだ知識人が大衆を指導するという発想はとんでもない錯誤であり、大衆の生活のありかたから外れてしまった知識人が知識人としてありつづける存在理由こそが、「大衆の原像」なのであった。

だから吉本の大衆像は大衆から疎外された孤独な魂がみずからの存在理由をもとめてうみだした虚像にすぎない、ということも不可能ではない。「大衆の原像」を見据えるまなざしは、かれらの生活をイメージしつつ意気に燃える、もうひとつの逆説的なエリート意識であり、それが民衆に対する指導者意識におごった「前衛」的立場からはいかにかけ離れたものであったにせよ、秘められた自負に裏うちされた「志士仁人」の意識であったことはうたがいない。政治思想では自分とずいぶん異なるはずの、村上一郎や大西巨人や内村剛介や江藤淳を吉本が高く評価し同志的意識をもったのは、かれらに底流する志士仁人意識のゆえではなかっただろうか。

吉本の知識人としての倫理である「大衆の原像を繰り込め」というテーゼは、大衆（ふつうの生活者）の「原像」（理念型）をみずからの思想の内側に繰り込むことができなければ、その思想は有効性をもたず、知識人のあいだのお遊びの意匠に終始するだけだ、という思想の表明であった。だからといって、知識人は大衆の生活圏に身をおくべきだと主張しているわけではない。大衆から外れた知識人には知識人としての別の役割があり、それは大衆のために、大衆が見通すことのできない社会の全体像を把握することであった。

かつて日本の左翼や近代主義者は日本の外部に普遍的な理想を追い求めた代償として、肝心の自分の足許のリアリティを見失い、日本近代社会の「総体のヴィジョン」をとらえそこなった。かれらが戦前に転向を余儀なくされたのは、信奉するイデオロギーが民衆の社会意識とまったく乖離したことに気づかざるを得なくなったからであり、戦後輝かしく受けとめられた日本共産党幹部たちの獄中十数年にわたる「非転向」も、民衆意識との乖離に気づくことなくみずからの純粋性に閉じこもったからにすぎなかった。そればかりか共産党をはじめとする前衛エリートたちは、戦後においても同様の過ちを繰り返していることを吉本はするどく指摘した（「転向論」、一九五八年）。

舶来の理想を追いもとめる近代日本の知識人の思考方法から訣別し、思想が「自立」するためには、みずからの生活圏から一歩も動かない大衆の「原像」を自身の思想に繰り込む以外にはない。ここに吉本の思想の初発の原理があった。

「大衆の原像」をしかと見据え、その一方で「総体のヴィジョン」をしっかり把握すること、いわば「大衆の原像」と同時に、個々人の意志ではどうにもならない「関係の絶対性」（「マチウ書試論」、一九五五年）をもみずからの思想のうちに繰り込むこと、これが吉本が課した思想の原則であった。

大衆もまた、みずからの足許を掘り下げることによって、「自立」の道を切り開くことが可能になる。「井の中の蛙は、井の外に虚像をもつかぎりは、井の中にあるが、井の外に虚像をもたなければ、井の中にあること自体が、井の外とつながっている」（「日本のナショナリズム」）。

大衆が立つとき

理想の民衆とはどんな存在か。みずからの階級意識に目覚め、社会変革の情熱を燃やし、思想を鍛え、運動に努力する存在。これが戦後民主主義を担った知識人たちがほとんど共通に抱いた民衆の理想像であった。むろんこの社会的な理想像だけでは、人間の実存の交換不可能で一回かぎりの意味をとらえることはできない。政治とは別次元の「文学」の存在理由がつねに提起され、ときに前者の「政治」の運動理論にするどく対立したのは当然のことであった。とはいえ戦後文学史を眺めてみればわかるように、「政治」と「文学」はつねにペアとなって語られていた。

吉本隆明自身も社会的関心のきわめて高い文学者として出発し、その意識がピークに達した六〇年安保闘争では全学連主流派の学生たちとともにもっともラディカルな闘争の輪のなかに身を挺した。日本社会党、日本共産党、総評など既成左翼の闘争方針を口をきわめて批判し、「擬制」前衛の終焉を宣告した。そして「急進インテリゲンチャ運動」による「真制の前衛」の構築を目指した（「擬制の終焉」、一九六〇年）。

しかし「行動していたわたしはひとつの肉塊をもった大衆にすぎなかったし、学生集会でたのまれてしゃべっていたときには、たいてい自己嫌悪を嚙みながらやっていた。ひとりの思想家としては、まったくネガチブだった」（「想い出メモ」、一九六一年）。

吉本はあくまで大衆とともにあることを目指し、インチキな左翼インテリをまったく信用しなかった。「インテリのいうことなんか聞いて、ほいほい運動に加わることはないよ。奴らのいうことなど戦時中も戦後も大差ねえんだ、言葉をちょっと入れ替えただけで、いってることはちっとも変わりゃしない。金輪際いうことなんか聞くもんじゃねえ」。勝手に口語訳すれば、吉本は内心でこう啖呵を切っていたのである。

戦時中に共産主義運動から転向しただけでなく、軍部に迎合して軍国主義イデオロギーを宣伝する詩を書き散らし、戦後には何食わぬ顔でおなじレトリックを用いて民主主義を謳い上げる詩人たちを見て、吉本は反吐が出た（たとえば「前世代の詩人たち」、一九五五年）。

では「井の中の蛙」である大衆がみずからの足許を掘り下げるとは、いったいどのようなことを指していたのだろうか。吉本にとって、六〇年安保のクライマックスの六月十五日の晩に「国会をとりかこんだ渦」は、まさしくその自立した大衆の運動体であった。「それはなによりもたたかいの主体を人民としてのじぶん自身と、その連帯としての大衆のなかにおき、それを疎外している国家権力の国家意志（安保条約）にたいしてたたかうインターナショナリズムの姿勢につらぬかれていた」（「擬制の終焉」）。

いまとなっては頭に血が上った表現にしか読めないけれども、大衆はただ腹をたたき地面をステップしているばかりではなく、立たねばならぬときには立つということだ。あたりまえといえばあたりまえだが、問題はその立ちかたである。

だからこうもいっている、「もしも魚屋のおかみさんが、母親大会のインテリ××女史をこえる方法があるとすれば、平和や民主主義のイデオロギーに喰いつくときではなく、魚を売り、飯をたき、子供をうみ、育てるというもんだいをイデオロギー化したときであり、市民が市民主義をこえる方法も、職場の実務に新しい意味をみつけることではなく、今日の大情況において自ら空無化している生活的な実体をよくヘソの辺りで噛みしめ、イデオロギー化することによってである」（「前衛的コミュニケーションについて」、一九六一年）。

自分の仕事と生活に徹していたはずの大衆が、それに徹することを通して、なまじのインテリなどには思いもつかぬ「自立」した社会意識を獲得するということを、吉本はロマンティックに信じていた。しかしそこにはインテリに対する皮肉と挑戦以上の意味があったのだろうか。

運動団体単位の参加であり、半年あまりの盛りあがりで終息した安保闘争にくらべて、現在の脱原発運動は、おおむね個人単位の参加であり（私もまったくのひとりとして参加している）、脱原発だけを旗印に、しっかりと運動を持続している（脱原発を呼号するだけでは行き詰まりのきびしい状態であるのも事実だが）。職業インテリの世話にもならずに、できるところで、できることを、自分の生活を少しずつ変えながら、つづけていく。よほど「自立」のイメージに近いのではないだろうか。既成左翼文化人が壇上からご挨拶する、あの3・11がなんの節目にもなっていない運動形態はもうご免こうむりたい、と思うのは私だけではないだろう。

吉本が絶賛した「国会をとりかこんだ渦」は、たちまちばらばらの個々人となってふつうの生活に帰っていった。現場の公務員であり美空ひばりの大ファンであった、私の友人の両親は、かつて「国会をとりかこんだ渦」のなかにいたが、のちに園遊会に招待されて職場における永年精励の労をねぎらわれた。たいへん喜んでいた。

その後吉本は、大衆の日常性それ自体のなかに変革の契機をさぐった。そして市民運動などにはいっさい期待せず、高度資本主義の動向をじっくり観察したうえで、最終的には大衆という消費者による「選択消費」のなかに、あらたな社会変革の契機を見つけたのであった。

大衆は変貌した

吉本は一九七二年を境に第三次産業の従業者数が第二次産業を上回ったこと、またこの年にミネラルウォーターが日本で初めて売り出されたことに注目した。使用価値はあっても交換価値はないと思われていた水に値段がついたという事実のなかに、生産資本主義から「消費資本主義」への転換の象徴的な意味を見出したのである。この時代動向に呼応するように、吉本は「共同体のあり方を過去に遡って論じてみた」とみずから位置づける『共同幻想論』から、『マス・イメージ論』や『ハイ・イメージ論』という未来の共同体を論ずる方向にシフトする（「わが『転向』」、一九九四年）。

また右の見解を示した一九九四年という時点において、吉本は「超資本主義」下の大衆の動向をつぎのように認識していた。第三次産業が国民総生産の五〇パーセントを超え、その就業者数も全体の半数以上に達した日本の社会では、個人消費が国民所得の六割から七割を占めるまでになった。しかもそのうちの半分以上が、光熱費や家賃といった日常不可欠の「必需消費」にではなく、その都度の嗜好にあわせて買っても買わなくてもいい「選択消費」にあてられている。

このことはなにを意味するのか。大衆が握った「選択消費」というカードが消費者自身の生活スタイルをたんに決定するだけではなく、日本の社会の方向そのものをも決定するということである。大衆はなにを買うか買わないかという選択によって、経済の動向を左右するだけでなく、場合によれば一斉にいっさい買わないという意思表示をすることで、日本の政府をリコールすることさえできる。つまり大衆が革命の可能性を握ったのである、と吉本は宣言した（「日本における革命の可能性」、一九九四年)。

それにしても、えらく様がわりした「国会をとりかこんだ渦」である。吉本を嫌う新旧左翼が吉本を転向者呼ばわりしたのはもっともなことだ。いったいどこまで本気の議論だったのだろうか。この大衆消費社会の海にどっぷりつかった吉本は、それでもまだ「大衆の原像」を主張しつづけた。それはもはや思想の当為ではなく、ただ現状肯定のサインにすぎなかったのだろうか。あらためて吉本の大衆概念について整理しておこう。

言説の有効性をめぐるコードとして読み換える

まず大衆はそれ自体として存在している。生活現場から一歩もブレることなく、立ち上がるときはその現場を通してしか立ち上がらない。現在では生活現場にいるだけですでに、「選択消費」というキャスティングボートを握っている。その選択にはかなり高度の知識と嗜好とを必要とするから、現代の大衆は堯代の農夫のようにけっして無知ではない。つまり知識があるからといって大衆の資格を失うわけではないのである。

つぎに知識人にとって大衆とはみずからの存在理由にかかわる理念であり、その像をみずからの思想の内側に繰り込むことに成功しないかぎり、その思想が「自立」することはあり得ない。失敗すればいつまでも、もっともらしいけれどもウソくさい言説を振りまきつづけるだけだ。

晩年の吉本は、大衆迎合と紙一重のところで、それでもこの「大衆の原像」概念を手放さずに、知識人の責務を追求しつづけた。脱原発を唱える「素人」を一蹴したのも、そのひとつの証左であったにちがいない。

現在ではしかし、この大衆と知識人という二項対立自体が存在類型としてもはや無効であり（大衆といわゆる知識人との実体的な区別はほとんど不可能になった）、おおかたの職業的知識人に「大衆の原像」などといったら憫笑されるのが落ちだろう。大衆のだれでもがブログで発信するような現在、知識人らしい知識人の消滅した現在、「大衆の原像」というモラルもまた無効になったということだろうか。

そうではない。この「大衆の原像」という概念は、すこし読み換えるだけで、言説の有効性をめぐるコードとしての意味を持続するのである。３・11以降、知性と良心とを競いあった言説が矢継ぎ早に生産されたけれども、大衆の生活意識を見据え、みずからの言葉の有効性を問いつつ発せられた言説は、きわめて稀であった。だからこそ『「フクシマ」論』のような原発立地の声を生々しく反映した書物に、ひとしなみに脱帽したのではなかったか。

こういうことだ。言葉でだけならなんとでもいえるのである。虚構性という言葉の本質と、整合性という論理の本質にドライヴされた言説は、自動的に（とくに意識しないかぎり）、それなりにかっこよく転がりはじめるのである。ある程度習熟した物書きなら、歌舞伎役者が自在に見得を切るように、「良心的」な言説をさしたる苦労もなく吐くことができるし、吐いたことのウソっぽさになかなか気づくこともない。

しかも厄介なのは、これが物書き個々人の社会的なモラルに単純に還元できるような問題ではないことである。ここで問われなければならないのは、言葉がだれに届き、だれとのあいだに思想の普遍性を獲得しようとしているのか、それはどの程度成功しているのか、といった言説の有効性にかかわる問題なのである。ちょっと気の利いただけの言説にすぎないのか、ちょっと良心的に聞こえるだけの言説であるのか、あるいは物書き以外の生活者のほんとうの思いに問いかけ、力をあたえる言葉であるのか、そこが「大衆の原像」という秤によって計量されるのである。

ふつうのひとの生活と意識を射程のど真ん中にとらえない「思想」などというものに、なんの意味があるのか。吉本が「大衆の原像」という概念に託した思いは、まさしくそういうことだった。ただし吉本にとって、物を書くなどといったことは知識人特有の営みであったから、それは知識人固有のモラルであった。「大衆の原像」を呑みこんだ思想が差し向けられる場所も大衆ではなく、あくまで知識人であった。

しかし知識人と大衆という二項対立が無効となった現在、「大衆の原像」というモラルは、言説の有効性をめぐるコードとしてあらたに読み換えることで、思想的意味を持続するのである。時代の変化を理由に、かんたんに捨て去ってはならない概念なのであった。

さて思想家吉本はこの「大衆の原像」をしっかり見据えて、戦争体験の思想化という問題に、腹のすわった言葉を投げ入れてきた。これらの発言は、以後いくつかの箇所で取り上げることになるだろう。

3. 吉本思想の原点と錯誤

大衆からの孤立

ここでもう一度、吉本の「転向論」にもどって考えてみたい。戦前の左翼的な運動・思想からの離脱である「転向」という現象は、軍国主義権力による弾圧によってもたらされたものと一般には考えられてきたし、現在でも多くのひとがそのように考えている。この通説に対して、吉本は徹底的なアンチテーゼを投げつけた。

吉本によれば、転向とは、「日本の近代社会の構造を、総体のヴィジョンとしてつかまえそこなったために、インテリゲンチャの間におこった思考変換をさしている」。「したがって、日本の社会の劣悪な条件にたいする思想的な妥協、屈服、屈折のほかに、優性遺伝の総体である伝統にたいする思想的無関心と屈服は、もちろん転向問題のたいせつな核心の一つとなってくる」。

心理的にいいかえれば、転向とは運動家や知識人たちの「大衆からの孤立（感）」であり、「生きて生虜の耻しめをうけず、という思想が徹底してたたきこまれた軍国主義下では、名もない庶民もまた、敵虜となるよりも死を択ぶという行動を原則としえたのは、（あるいは捕虜を耻辱としたのは）、連帯意識があるとき人間がいかに強くなりえ、孤立感にさらされたとき、いかにつまづきやすいかを証しているのだ」、と吉本は書いた。

この観点から見たとき、「日本封建制の優性」に屈服し民族主義の道を選択した佐野学や鍋山貞親の転向に対して、コミンテルンの三二年テーゼ（天皇制国家打倒を日本の革命の最優先課題とした）を押しいただき、日本の大衆的動向とは無関係に、「イデオロギーの論理的なサイクルをまわしたにすぎなかった」宮本顕治や蔵原惟人の非転向の政治的倫理的優位性は崩壊する。というより、後者もまた、前者とは「対照的な意味の転向の一型態」とされるのであった。

この転向非転向という在来の対立図式のなかに、吉本は中野重治の小説「村の家」（一九三五年）が提起した問題を投げこんだ。転向して帰省した主人公に向かってその父親は、転向したのならば筆を折れ、と忠告する。日本的大衆の「精華」ともいうべきこの父親にしっかりと向きあい、しかしそれでも書いていきたいと答える主人公のなかに、吉本はひとつの思想的可能性を見出した。「日本封建制の錯綜した土壌との対決」を意味する中野の「転向（思考的変換）」を、佐野・鍋山の転向や宮本・蔵原の「非転向」よりもはるかに高く評価したのである。

しかしそのような自省的な転向も時代の趨勢の前では無力であったのはいうまでもなく、大衆は戦争に協力し戦地に赴いた。知識人は大衆からの疎外感を味わい、かつかれらを心の底で嫌悪した。戦後においては、この大衆嫌悪は時に大衆コンプレックスに変化し、屈折した大衆崇拝をも生み出した。

観念のなかの皇国青年

吉本が戦前の転向者と非転向者とを同列に並べて批判できたのは、かれがマルクス主義や急進リベラリズムという「危険思想」にもはや触れることのなかった、遅れた世代に属していたことに大きく帰因する。つまりこの世代は、転向という負の経験をすることなく（したがって非転向者に対する負い目をもつことなく）、戦後を生きはじめることができた。この世代的な落差といういわば時の利が、吉本の思想的優位性を可能にしたことは留意しておいていいだろう。

大衆的な生活感覚を存分にもちつつ、その一方文学青年であることによって大衆から疎隔した意識をかかえていた吉本は、当時の青年としてはなんら特別でない皇国青年として、戦時中を生きた。その吉本にとって、戦争と大衆との関係になんの疑いを入れる余地もなかった。

〔……〕わたしは徹底的に戦争を継続すべきだという激しい考えを抱いていた。死は、すでに勘定に入れてある。年少のまま、自分の生涯が戦火のなかに消えてしまうという考えは、当時、未熟なりに思考、判断、感情のすべてをあげて内省し分析しつくしたと信じていた。もちろん論理づけができないでは、死を肯定することができなかったからだ。死は怖ろしくはなかった。反戦とか厭戦とかが、思想としてありうることを、想像さえしなかった。傍観とか逃避とかは、態度としては、それがゆるされる物質的特権をもとにしてあることはしっていたが、ほとんど反感と侮蔑しかかんじていなかった。戦争に敗けたら、アジアの植民地は解放されないという天皇制ファシズムのスローガンを、わたしなりに信じていた。また、戦争犠牲者の死は、無意味になるとかんがえた。だから、戦後、人間の生命は、わたしがそのころ考えていたよりも遥かにたいせつなものらしいと実感したときと、日本軍や戦争権力が、アジアで「乱殺と麻薬攻勢」をやったことが、東京裁判で暴露されたときは、ほとんど青春前期をささえた戦争のモラルには、ひとつも取柄がないという衝撃をうけた。敗戦は突然であった。都市は爆撃で灰燼にちかくなり、戦況は敗北につぐ敗北で、勝利におわるという幻影はとうに消えていたが、わたしは、一度も敗北感をもたなかったから、降伏宣言は、何の精神的準備もなしに突然やってきたのである。わたしは、ひどく悲しかった。その名状できない悲しみを、忘れることができない。それは、それ以前のどんな悲しみともそれ以後のどんな悲しみともちがっていた。責任感なのか、無償の感傷なのかわからなかった。その全部かもしれないし、また、まったく別物かともおもわれた。生涯の大切な瞬間だぞ、自分のこころをごまかさずにみつめろ、としきりにじぶんに云いきかせたが、均衡をなくしている感情のために思考は像を結ばなかった。ここで一介の学生の敗戦体験を誇張して意味づけるわけにはいかないだろう。告白も記録もほんとうは信じてはいないのだから。その日のうちに、ああ、すべては終った、という安堵か虚脱みたいな思いがなかったわけではない。だが、戦争にたいするモラルがすぐそれを咎めた。このとき、じぶんの戦争や死についての自覚に、うそっぱちな裂け目があるらしいのを、ちらっと垣間見ていやな自己嫌悪をかんじたのをおぼえている。

（『高村光太郎』、一九五七年）

吉本は観念のなかの皇国青年であった。召集に応じて黙々と戦地に赴いた一兵卒でもなければ、学業半ばにして軍服を着た学徒兵（あるいは幹部候補生）でもなかった。理科系であることによって卒業まで兵役を延期された、特権的な大学生であった。出征した多くの青年たちが戦死したなかで、吉本は銃後で主観的な聖戦を戦っていた。

戦後思想最初の欺瞞

それでも戦争が継続していれば、戦死するのは時間的な後先にすぎなかった。しかし戦争の終結により、戦死者と吉本とは永遠に分断された。この死せる大衆に対する吉本の負い目は、かれの思想形成の原イメージとならないはずはなかった。

その後自分たちが賭けていた「戦争のモラル」になんの価値もなかったことをしたたかに思い知ったとき、その負い目はきわめて屈折したものになった。戦死者たちは「戦争のモラル」を信じて、その否定的な意味を知らずに死んだ。吉本もそのモラルが無価値であることを事後的に知ったにすぎない。だからかれらが殉じた観念は否定されねばならないとしても、かれら戦死者は絶対に否定することはできなかった。

その一方、吉本は勤労動員先の富山県から東京に戻る列車のなかで、「毛布や食料を山のように背負いこんで復員してくる兵士たち」の姿を見た。それは思いもかけない光景であった。しかし「兵士たちをさげすむことは、じぶんをさげすむことであった」。自分もまた、ただ虚脱して東京に帰っていくひとりにすぎなかったからである(「思想的不毛の子」、一九六一年)。

吉本は、この軍需物資を山分けして家路を急いだ兵士である大衆と、黙って従軍し戦死した兵士である大衆とのあいだに引き裂かれながら、戦後の思想的歩みを開始した。かれは大衆が戦争を闘ったことをまぎれもない事実として重く受けとめ、かつその戦争の本質を徹底的に見きわめ、このことに知識人がどのような責任を負わなければならないのかを追究した。ここに吉本の戦争論の卓越した意味があった。

他の多くの戦後思想家たちは、自分たちの戦争責任は頬かむりして、大衆をも自分をも、戦争の一方的な被害者であったかのように、次第に表象するようになった。ここに戦後思想最初の欺瞞があった。吉本は戦死者に対する自分の負い目を見つめながら、はるかに深い負い目を背負うべきであった転向左翼たちの思想の欺瞞性を討った（しかしかれらは、非転向者に対するコンプレックスをつよく抱きつづけるばかりで、運動組織の硬直化を促進した）。

日本の戦争が吉本たちが信じていたようなものではなかったことを知ったとき、吉本は「戦争」とその戦争を主導した「国家」とに、なぜ大衆が引き込まれてしまったのかという強い問題意識をいだいた。ここで戦争と国家とは吉本にとってはっきり否定の対象となったが、大衆は絶対的に肯定されなければならなかった。戦争と国家と一緒に大衆を否定することはできない。

どうすればよいのか。戦争・国家と大衆とを原理的に引き剝がす以外にはない。そこに吉本は知識人としてのみずからを賭けた。ここが吉本の戦後思想におけるきわめてユニークな点であった。

戦後十数年におよぶ戦死者に対する負い目の意識は、やがてかれらが呪縛されていた戦争理念、ひいては国家理念をかれらから引き剝がし、「大衆の原像」というフィクショナルな祖型を彫りだすことによって、戦死者を思想的に鎮魂するという方向に進展した。大衆を戦争・国家から引き剝がすための理論的著作が『共同幻想論』であるが、これについては第六章であらためて検討しよう。

多くの戦後思想家は、戦時中から戦争と国家に嫌悪を抱きつづけた。むろん保身のためにしぶしぶ（ときには調子に乗って）加担もした。その戦争に大衆がかなり積極的に参加していたことは、はっきり認識していた。したがって戦争に加担し、かれら知識人に抑圧的に臨んだ大衆という存在を心理的に否定の対象とした。この否定的な大衆を啓蒙し進歩的な民衆へと転進させることが、戦後における知識人の大きな役割と自覚されたのである。このような戦後民主主義の知識人の大衆観を、吉本サイドのひとたちは近代主義、エリート主義として非難したけれども、いうほど軽々に否定できるものではなかった。吉本自身の大衆をめぐる思想的苦闘の跡がそれを証明している。

吉本の戦争論は大衆に被害妄想をいだく戦後進歩派知識人に受け容れられることなく、むしろ保守派知識人の共感を呼びよせた。この逆説のなかに戦争をめぐる戦後思想は出発し、今日にいたるまでその状況は持続している。吉本戦争論は左右対立の枠組のなかに吸収され、その初心が置き去りにされたまま、今日に禍根を残したのである。どのような禍根であったのか、それがつぎの第Ⅰ部のテーマである。

大衆に国家はいらない!

前述したように、吉本は六〇年安保の「国会をとりかこんだ渦」に大きな共感と期待とを寄せたが、おなじ論文「擬制の終焉」のなかで、論敵花田清輝をけなし、つぎのようにも書いていた。「ソヴィエト革命と中国革命を転機にして世界史の時代区分をもうけなければならないという花田の思いつきなどは、安保の大衆行動の渦のなかで、アンパンを売ったらもうかるのではないか、と思いついたアンパン屋とおなじ程度のものにすぎない」。

しかしこの「アンパン屋」もまた、外の世界に虚像をもたない「大衆」のれっきとした一員であったことを吉本は見過ごしていた。「国会をとりかこんだ渦」も解散した後はアンパン屋になり、アンパン屋が時いたれば国会を取り囲む。

坂口安吾がつとに見抜いていたように、戦死者と復員兵はかならずしも別種の人間ではなかった。「半年のうちに世相は変った。醜《しこ》の御楯《みたて》といでたつ我は。大君のへにこそ死なめかえりみはせじ。若者達は花と散ったが、同じ彼等が生き残って闇屋となる」、「人間が変ったのではない。人間は元来そういうものであり、変ったのは世相の上皮だけのことだ」(「堕落論」、一九四六年)。

吉本も六〇年代の「大衆の原像」論と『共同幻想論』とを経て、軍需物資を背負った復員兵やデモ隊相手に商売したアンパン屋を否定的な眼で眺める地点から、それをも併せ呑む地点へと抜け出た。「選択消費」というキャスティングボードを握った大衆像の提示である。これは吉本自身も認めるように、ひとつの「転向」にちがいなかった。それでもこの消費資本主義下の大衆像は、姜尚中がいうようなたんなる大衆迎合でもなければ、現状肯定でもなかった。この大衆像が吉本の反国家の思想を最後まで底ざさえしていたからである。

吉本も、姜たちの世代を最後尾とする戦後左翼も、反戦・反国家という点においては変わりがなかった。しかし左翼の反国家意識が全体主義的な社会主義国家に対してはまったく批判精神を失い、追随を表明するばかりであったのに対して(「反帝反スタ」を標榜した新左翼も、現にある社会主義国家を批判しただけで、その国家観において原理的にさしたるちがいはなかった)、吉本はあらゆる国家存在に敵対するという立ち位置を選択した。その点で吉本の国家観はきわめてラディカルであった。

戦後左翼の反戦思想が社会主義国家の軍事行動に対してはおおむね無批判であったのに対し、吉本の九条支持は徹底していた。吉本の反・反核の思想は、反核運動が反核を言い募りつつも、そのじつ東側共産陣営を支援する運動にすぎなかったことを見抜いていたからであった。

国家を根底的に批判しつくすという吉本のこの壮大な試みは、戦後思想最大といってもいい事件であったが、吉本はなぜ、大衆的生を救抜するために国家そのものを全面的に否定しようとしたのだろうか。吉本にとって、それはなまなかの反論を許さない深い必然をはらんでいたけれども、そのきわめて個人的な反国家の思想をあたかも戦後思想の金字塔のように仰ぎ見ることによって、わたしたちは戦後の国家構想にしくじりつづけてきたのではなかったか。大衆と戦争との接点を見つめ、知識人の戦争責任を追及する果てに、なにゆえに国家否定の思想しか現われ得なかったのか。そこを突破する原理はどこに見いだされるのか。これは本書の第Ⅱ部のテーマである。

本書の問題意識

ここまで吉本隆明の基本思想を、３・11以降の言説から戦後の出発点にまでさかのぼり、その問題点と可能性とを批判的に検討してきた。まず吉本の思想の基本的な構えを形成する「大衆の原像」という知識人のモラルの意味を考え、それが大衆―知識人という構図が無効になった現在においても、言説の有効性をめぐるコードとしての大きな思想的意味をもつことを主張した。

戦後進歩派知識人は、皇国イデオロギーに翻弄された苦い経験をふまえて出発したはずなのに、今度はマルクス主義イデオロギーに振り回され、思想を語る原点をしっかり見据える機会をもたなかった。保守派知識人の大半は、左翼に対する反動形成だけを思想のモチーフにした（いまでもそうである）。そんななかで吉本の「大衆の原像」という基本的な構えの意識は、戦後思想最初の、そしていまに有効な貴重な思想の一里塚であった。

この「大衆の原像」というモラルが、吉本の戦争論を地に足の着いたリアルな思想としたのである。ひとことでいってしまえば、戦争を「かれら」つまり悪辣な「軍部ファシスト」の所業としてだけ見るのでなく、「われわれ」つまり国民自身（戦後世代から見れば祖父母や父母たち）が戦った事実として見るといった視点である。

これは日本のアジアにおける戦争が、他国の主権を侵してその領土に武力で侵攻し、国民の人権を侵害し財産・生命を奪ったという侵略事実と、まったく矛盾するものではなく、むしろその認識と責任とをより深化し主体化する思想態度なのである。

この戦争に対する責任の意識はどのようなかたちで継承されたのか。あるいはこの意識を欠落させた戦争の語りかたがどのような思想的失態を演じたのか。いまわれわれはどのような視点から戦争の事実を見つめ、その責任を語っていくべきなのか、それがつぎの章からはじまる第Ⅰ部の課題である。

また悲惨な戦争体験と敗戦意識をふまえて（加害者意識をおおむね欠落させていたとはいえ）、ほとんどすべての国民が戦争はしてはいけないものだと考えるようになった。みずからの経験（継承された経験をふくめて）のなかから、また戦争の絶えることのない戦後世界を見つめるなかから、われわれは国家というものが戦争をするのだという重い事実を嚙みしめてきた。

国家が戦争をするのであれば、国家は否定されなければならない。吉本が国家を否定するひとつの理由であった。あるいは、国家は黙っていれば戦争を仕掛けるのだから、国家に戦争をさせないように国民が監視しなければならない。「護憲派」はそう考えた。

それぞれに重い思想であることを否定するつもりはない。しかしいうまでもなく、戦争をすることだけが国家の仕事ではない。国家に否定的な烙印を押し、国家を自分たちから遠ざけることで、国家を国民自身の協同体として再構築するという、主権者としての自分たちの可能性を狭めたのも、また事実である。この否定的な烙印に呼応したかたちで、国家は国民を「統治」する超越的な組織として旧態依然たる姿を示しつづけた。

ここにも国家を「われわれ」の協同体としてではなく、「かれら」の権力装置として語ってきた戦後思想の問題点が露呈していた。これが第Ⅱ部のテーマである。

第Ⅰ部　「戦争」の語りかた

第一章　われらが敵、日本軍　戦後民主主義者の「兵隊」像

1．戦争をどう語りはじめるのか？

おじいさんの戦争体験談

十年ほど前になるが、大学の授業で「私の一冊」というテーマのレポートを課したことがある。すると百人足らずの受講生のうち数人の学生が、湯本香樹実の『夏の庭』という作品について書いてきた。ほかには漱石の『こころ』がふたり、あとはどれも一冊ずつといったあんばいだったから、すこしうろたえた。編集をテーマにした授業であるのに、私はその作品名も著者名も知らなかったからである。

レポートを読んで、この小説が読書感想文の定番本だということがわかり、それなりに納得はいったものの、すぐに作品自体を読んでみた。一九九二年に刊行されたこの本は、どこにでもいそうな小学六年生男子三人と、孤独で偏屈な老人とのひと夏の交流と、その老人の死を描いて、夏休みの課題

図書にはうってつけの作品だった。枠組としては『スタンド・バイ・ミー』を連想させる。あらすじを見ておこう。

ある夏休みのこと。いつもの三人組は町外れにひとりで住んでいる偏屈な老人の姿に興味をもち、もうすぐ死にそうに見える老人の日々を観察することにした。雲の観察よりずっとワクワクする観察ごっこだった。かれらにとって「死」というものは、まだかるい好奇心の対象でしかなかったのである。

だがしばらくするうちに、観察する三人組と観察されるおじいさんとのあいだに奇妙な友情が芽生え、観察対象は大事な交流相手に変わっていった。おじいさんも少年たちとのふれあいのなかで、生きる意欲を次第に回復する。ところが三人組がサッカーの合宿から帰ってくると、おじいさんはあっけなく死んでいた。

かれらは世代のかけ離れた老人と交流することを知り、そこから多くを学び、そして「死」というものの重さを思い知った。こうして少年たちのひと夏が終わった。たしかに「泣ける」作品である。ところが読み終えた私にはどうしても気にかかる箇所があった。わざわざケチをつけるつもりはないのだが、瑕瑾《かきん》としてほうっておくわけにはいかなかった。それはこんなエピソードである。

おじいさんがずっとひとり暮らしをしているのは、戦争から復員したときに妻のもとに帰らなかったためだ。かれには戦争のなかで負った深い心の傷があり、そのために妻のもとに戻ることができなかったのである。おじいさんが重い口を開いて少年たちに語った体験とは、つぎのような内容であった。

おじいさんたちの部隊は敗走してジャングルのなかをさまよっていた。二十五人いた小隊は十八人に減った。来る日も来る日も暑さと飢えと渇きと病気との戦いであり、敵に見つかれば銃撃されるだけだった。

「ある日、小さな村を見つけたんだ。草の葉で屋根をふいた小さな家がいくつかあるだけの小さな村だ。よかった。これで何日ぶりかの食事と新鮮な水にありつける、そう思った。実際、あの時あの村に着かなかったら、全滅していただろうと思う」。

「だが、その前にすることがあった」。「その村には、女と子どもと年寄りしかいなかった。殺したんだ。その女と、子どもと、年寄りを」。

「どうして」と尋ねる少年におじいさんは答える。「生かしておいたら、居所を敵に通報されてしまうかもしれない。そうしたら、こっちが殺される」。かれは逃げる女を追いかけうしろから銃で撃った。「弾は女の背中から胸を貫いていた。近づいて、うつぶせにたおれている女の体をおそるおそる裏返した。その時、初めて気がついたんだが」、「おなかが大きかったんだ」。

「それからわしは村に戻ると、仲間といっしょに食料をたいらげた。そうして生きのびた」。「戦争だからね」とおじいさんは付け足した。時まさしく敗戦の八月。軽いタッチで進んできた作品に突然荷重が加わる。

しかしこの尋常ならざるエピソードを、作者はどうしてこんなにも不用意にイノセントなかたちで投げだすのだろうか、そこに看過できない問題が潜んでいるように思えてならなかった。つぎの授業の時間になぜこの箇所に引っかかるのかを説明してみたのだが、学生たちはキョトンとしていた。

たしかにかなり微妙な問題ではあるが、たんに私の思い過ごしではなかったはずだ。すこし回り道をしながら考えていきたい。

おじいさんの選択

「ハーバード白熱授業」で日本でも一躍名を馳せたアメリカの政治哲学者マイケル・サンデルは、その人気講義をベースにした『これからの「正義」の話をしよう』（原題は*JUSTICE*、二〇〇九年）のなかで、道徳のジレンマの一例として、ひとりのアメリカ人下士官の悔恨譚を紹介している。

二〇〇五年アフガニスタンでの対テロ報復戦争の最中に、かれらは山のなかでヤギ飼いをする現地民に遭遇した。このときヤギ飼いを殺さなかったために、かれらの居場所はタリバンに知られ、多くの友軍が殺害される結果となった。『夏の庭』のおじいさんがしたことを、この軍人がしなかったために起きた「失態」であった。

サンデルはこれを倫理学の例題として教室に提起した。ヤギ飼いを殺すという行為が、ひとつの合理的な選択肢として大学の授業で堂々と検討されたのである。読んだ私はとても嫌な感じがしたが、覇権国家を代表する大学の授業とはこういうものなのかもしれない。

いや覇権国家にかぎらない、この報復戦争の理由となった二〇〇一年九月十一日のテロも、世界貿易センタービルに勤務するビジネスパーソンだけでなく、航空機の乗客をも巻き添えにした。戦争とは（テロもふくめて）そういうものなのだ。戦争を所与の前提とするかぎり、ある程度の非戦闘員の犠牲はやむを得ざる必要悪として計算に繰り込まれる。この軍事的な発想と倫理的な思考のジレンマをサンデルは学生に提起したのであった。

クールに道徳的なジレンマを検討するサンデルの授業にくらべて、『夏の庭』は「日本の戦争＝残虐行為」という図式を前提に物語を展開させていた。書いた側も読んだ側も、おそらくそれが「良心的」な歴史認識と信じて疑うところがない。

日中戦争やアジア太平洋戦争（大東亜戦争）のあいだに、日本軍が非戦闘員である多くのアジア住民を殺害した事実を、いま私たちは知っている。それが戦時国際法に違反する行為であることはもとより、戦争に掲げた大義名分をも裏切る行ないであったことはいうまでもない。これらの行為に直接の責任を負わない私たちにも重くのしかかる歴史事実である。

おじいさんのしたことは、無辜の民間人（それも妊婦）を殺害した許されざる犯罪行為であった。しかしみずからが生きのびられるかどうか（軍の立場でいえば、兵員の損失を防げるかどうか）という岐路に立たされた人間のぎりぎりの選択であり、そこに追い込んだのは戦争という過酷な現実であった。とすれば、責任は戦争を遂行した軍部や政治家に移譲されたかに見える。にもかかわらず、おじいさんは自責の念を一生抱きつづけて人生の幕を閉じた。ここに少年たちをも引きつけた老人の深みがある。国家の非情さに対するひとりの人間の道徳感情が浮かび上がるという構図であった。

おじいさんの物語は、軍紀を逸脱して非戦闘員に対して略奪・暴行をはたらいた悪辣な残虐行為ではない。かれのぎりぎりの行為は、戦争という非人間的な営為のなかで余儀なくした選択であった。おじいさんはまず加害者であるとともに、加害者であらざるを得なかったことにおいて被害者だったといってもいいだろう。

庶民の手の届かぬところで計画された戦争におじいさんは巻き込まれ、徴兵された上に残虐行為をはたらかざるを得なかった。その責任をおじいさんはひとりで受け止め、戦後の長い時間を生きた。稀有な人生である（不自然な人生といってもおなじことだ）。

とはいえ自分たちの都合で殺された側はたまったものではない。それも戦闘中の流れ弾にあたったのではなく、意図的に殺害されたのである。いかに殺害者が悔いたからといって取り返しはつかない。もう一度おなじ状況に直面すれば、殺害者は再度犯行を繰り返す可能性も高い。おじいさんの悔恨につきあい、しんみりセンチメンタルな気分に浸っているだけではすまされない。これはやはりグロテスクな挿話なのであり、語りかたにはそれだけの歴史認識とマナーが要求されるはずであった。

抽象的で観念的な戦争体験譚

おじいさんのエピソードは、作品のなかで語られた唯一の、戦争にかかわる記述である。つまり作者にとってはとっておきの、まさしく戦争を象徴する事実として語られている。読者にもこの箇所は戦争の理不尽さ、悲惨さを描いた場面として、おおむね好意的に受けとめられているようであった。こういう読まれかたはおそらく作者の意図と呼応しているだろう。

だがこのエピソードは、日本人の戦争体験をほんとうに象徴するものだろうか。戦場における残虐行為はたんに嗜虐的な心理の発露として発動されるものではないし、倫理学の設問のように合理的に選択されるものでもない。戦場という異常な場面におけるさまざまなコンテクストのもとで、ある意味で自然に選択された行為なのである。平凡な家庭人が残虐行為を犯し、その兵士が復員すればもとのよき家庭人にもどることができたのは、戦場と銃後の日常生活とではコンテクストがまったくことなっていたためである。

『夏の庭』のおじいさんも、かれにとって心理的にニュートラルな存在である妊婦を必要にせまられて殺したのではなく、敗走するなかで、敵側にいつ味方するかもしれない現地住民に対する恐怖と不信感と敵意に突き上げられて殺害したにちがいないのだ。妊婦の夫が抗日ゲリラであった可能性も低くはない。それは、他国に侵入した軍隊がつねに負わねばならない宿命であった。

おじいさんはそのような軍隊の一員であった。作者は戦争体験にまつわるさまざまな倫理感情のなかから純粋な罪責感だけをおじいさんに割り振っているが、かれはこの殺害の瞬間にいたるまで無垢であり得たのだろうか。日本軍の戦場での日常茶飯事であった略奪などの行為を繰り返していたのではなかったか。「戦争だからね」という言葉のなかには、そういう意味もこめられていたはずである。

話し終えて、「聞かなきゃよかっただろ」というおじいさんに対して、「いいんじゃないの、話して」、「そういうことは話しちゃったほうがいいんだよ、きっと」と反応する少年の言葉に、おじいさんはちょっとびっくりした顔をする。少年のイノセントでありかつませた言葉は無理解のしるしでしかないが（もちろん好意の表明ではある）、その責任は少年にではなく作品そのものにあった。

このエピソードはきわめて抽象的で観念的な戦争体験譚であった。けっして日本人の象徴的な戦争体験談ではなかった。そもそも舞台がフィリピンの戦線であるのか、マレー半島であるのか、はたまたインドネシアであるのか、判然としないし、作者にも明確でなかったのではないか。ただ「日本の戦争＝残虐行為」という通念をベースに提示された、図式的で「良心的」な戦争理解なのであった。これが私がこだわった最初の一点である。そしてもう一点。

おじいさん＝祖父母たちの体験

おじいさんは、いったいわれわれにとっての何者なのだろうか。ただ戦争世代というかけ離れた世代のひとりの老人だったのだろうか。そうではない、かれは象徴的に私たちの祖父であり父であった。いかに確執のある肉親であっても、ひとから一方的に非難されれば心穏やかではないように、おじいさんの話もそういう象徴的な肉親の物語として、ほんらい書かれまた読まれなければならなかったはずである。

私は日本軍の残虐行為の記述に接するとき心おだやかではないし（できればそれが事実として否定されることを望んでいる）、語るときにはしばしばいいよどむ（心情的には話題にしたくない）。書き言葉というかたちで体勢を立て直し、はじめて論理的に語ることが可能になるにすぎない。心理の事実だからとりあえずいたしかたないのだが、私のような心情の持ち主は、次第に事実を否定する方向へ奔る傾向がある。きわめて残念なことだ。

その一方、日本軍の侵略行為を、敵が行なったことであるかのように攻撃的に語るひとたちがいる。かれらは中国共産党の八路軍や新四軍のことをわがことのように語り、ソ連赤軍のスパイであり、ソ連のために日本の戦争拡大方針が北進であるか南進（ソ連に有利）であるかを探っていたゾルゲや、その協力者である尾崎秀実を、反戦の英雄であるかのように称揚する。

南京事件でいえば、「まぼろし」派と「大虐殺」派との対立がある。前者は学会や論壇では少数派であるが（それでも石原慎太郎や小林よしのりのようなスターを擁している）、巷には多くの同調者がいる。かれらに私は賛同しないけれども、その存在理由はよくわかる。かれらが「大虐殺」派に感情的に反発するのは、事実認定にとどまらず、その語られかたのためでもあるだろう。

残虐行為という提起された事実認定に反発し、あるいはみずからのアイデンティティを傷つけられ激昂するひとたちは、逆に戦時中のコンテクストに拘泥し、現在の視点からの評価を極端に忌避しているのである。

両者は事実をめぐって論争しているけれども、そこに潜在するのは事実をどう提起するかという語りかたの問題である。戦争体験は祖父母や父母たちの行なったこととして語られないかぎり、リアリティのある思想的な課題にはなり得ない。私たちがそこから受け取る驚き、共感、不審感、不信感、恥辱感などさまざまな感情をたしかめてみることのなかに、われわれが戦争を語りはじめる出発点があるのではないだろうか。これが、私が『夏の庭』のエピソードにこだわったふたつめの理由である。

『夏の庭』に描かれた戦争体験は、けっして日本人にとっての象徴的な体験ではなかった。むしろ作品自体が、戦後日本の戦争の語りかたをきわめてナイーヴに象徴していた。私のこだわりがなかなか伝わらなかったことも、そのことを物語っていたように思える。

2. 戦後日本人の戦争観

丸山眞男と吉本隆明の兵隊観

『夏の庭』にいたる日本人の戦争観は、どのようにして形成されたのだろうか。敗戦にまでさかのぼって考えてみよう。吉本隆明と並んで戦後思想を代表する丸山眞男は、徴兵検査では第三乙種に区分され、ふつうなら兵隊にとられないところだったが、兵員不足の戦争末期に陸軍二等兵として召集された。丸山はその当時の「被害意識」と戦後の「解放感」について、東京大学の教え子との座談会のなかで率直に語っている。

二度目の召集でとうとう兵隊になったのは、助教授になってからです。兵隊に行ってる間、ぼくの最高の願いは「いつかぼくの生きてるうち、もういっぺん、起床ラッパでなくて、ぼくの起きたいとき起きる生活がしたい」ということでしたね。自由ってのはそんなものです。戦線に行くのと、ブタ箱にぶち込まれるのと、どっちがましだろうということを、本郷の一膳飯屋で、杉浦明平と真剣にヒソヒソ話したことがあります。ですから、解放感の大きさは今日想像できないくらいです。アメリカの軍事占領に対して甘かったとか、いわれるけども、あとからいえばその通りだが、実感からいうとそんなもんじゃないんだな。アメリカであれ何であれ、本当に解放された、ざまァ見やがれという……。

（「丸山先生を囲んで」、一九六六年）

他の座談会でも、「ぼくはやっぱり軍隊ほどいやなところはなかった」と回想し、敗戦の八月の十六日か十七日ごろに「どうも悲しそうな顔をしなけりゃならないのは辛いね」と、別のインテリ兵隊と語り合ったことを告白している（「戦争と同時代」、一九五八年）。

丸山のような都会育ちのリベラルな感覚の持ち主であり、東京帝国大学の助教授という比較的自由な身分を保証されていた存在にとって、軍隊という社会は理不尽な暴力が幅を利かす耐え難い場であったにちがいない。敗戦が「解放」以外のなにものでもなかったというのは偽らざる回想であろう。また昭和の軍国主義を大きくドライヴしたものこそ勢力を伸長した大衆の動向であったという苦い歴史認識が、丸山の脳裏には刻み込まれていた。

戦後論壇に衝撃的なデビューを果した「超国家主義の論理と心理」（一九四六年）において、丸山はこの戦時中の実感をロジカルに解析した。丸山によれば、日本社会は天皇という絶対的価値を中心に置き、そこからの距離を尺度にして、上級者が下級者を抑圧し、その下級者がまたさらに下級者を抑圧するという連鎖構造をつくっていた。この「抑圧の移譲」という構造は、国境を越えて戦地にまで波及した。

〔……〕更にわれわれは、今次の戦争に於ける、中国や比律賓《フィリピン》での日本軍の暴虐な振舞についても、その責任の所在はともかく、直接の下手人は一般兵隊であったという痛ましい事実から目を蔽ってはならぬ。国内では「卑しい」人民であり、営内では二等兵でも、一たび外地に赴けば、皇軍として究極的価値と連なる事によって限りなき優越的地位に立つ。市民生活に於て、また軍隊生活に於て、圧迫を移譲すべき場所を持たない大衆が、一たび優越的地位に立つとき、己れにのしかかっていた全重圧から一挙に解放されんとする爆発的な衝動に駆り立てられたのは怪しむに足りない。彼らの蛮行はそうした乱舞の悲しい記念碑ではなかったか（勿論戦争末期の敗戦心理や復讐観念に出た暴行は又別の問題である）。

アジアの戦場における日本軍兵士の残虐行為をめぐる、このきわめて論理的にして力学的な説明のなかに、吉本隆明は、丸山自身の「一兵卒体験の『生活史』としての貧しさと、『思想』的特徴」とを読み取った。

ああ、「痛ましい事実」か「彼らの蛮行」か、というような奇妙な感慨を禁ずることはできまい。ここで本質をあらわしているのは丸山の客観的分析法、その「一兵卒」にたいする理解の冷静さではなく、よりおおく丸山の「一兵卒」が一般の兵士たちと接触した仕方であるとおもわれる。もしも、「一般兵隊」がここで丸山の解釈した通りだったとすれば、それはまた日本型知識人の、解釈のドレイに転化された人形のような「一般兵隊」にしかすぎない。「皇軍として究極的価値と連なる事によって」一般兵士が残虐をつくしたというようなことは、どんな論理からも在り得ようはずがないのだ。ひとは理念によって残虐であることはできない。

（『丸山真男論』、一九六三年）

大衆は暴走する！

では吉本は兵隊である大衆をどう見ていたのか。「もっとも戦争に献身し、もっとも大きな犠牲を支払い、同時に、もっとも狂暴性を発揮して行き過ぎ、そして結局はほうり出されたのは下層大衆ではないか。わたしが傷つき、わたしが共鳴したのもこれらの層のほかにはなかった」（『高村光太郎』、一九五七年）。「抑圧の移譲」などという消極的な理由によってではなく、はるかに積極的に大衆が戦争に加担したことを吉本は認める。その上で、吉本はかれらの兵士としてのふるまいに傷つきかつ共鳴するのである。

吉本は丸山の大衆観を「日本知識人の一般的な典型」であるとし、つぎのように総括して批判する。

> 日本的な存在様式としての大衆が、それ自体として生きていることを無視して、理念によって大衆の仮構のイメージをこしらえていること。たとえば、知識人が、大衆それ自体はラジカリズムをけっして回避するものではなく、このことは、大衆の「無為」な生活と矛盾しないということをつきつめないで、より温和なシンボルをあたえれば、（たとえば、民主主義とか市民主義とか）たくさんの大衆を組織化できると錯覚していることなどはその現われである。そういうシンボルについてくるのは、大衆ではなく類似の「知識人」だけである。また、この裏かえしとして、大衆は革命意識に目覚めない何ものかであるから、思想を、そとから与えれば、大衆は急進化するにちがいないという錯誤が位置している。
>
> （『丸山真男論』）

もうひとつ、吉本は丸山ら戦後知識人を批判して、「戦争期に、天皇制イデオロギーが吸着した大衆の存在様式の民俗的な部分は、いまも当時とは変化した形で、大衆自体がもっていることを視ようとしないこと」を指摘した（同上）。

大衆にとっての兵隊生活は、けっして否定的な体験ではなかった。そう考える吉本は、大江健三郎の『ヒロシマ・ノート』を批判する文脈のなかで、つぎのようにいう。「戦争はおあつらえむきのものでもなければ、異常なものでもない。だからこそ戦争はおもしろい体験だったとか、軍隊は結構愉しいところだったとかいう大多数の戦争参加者の声も、またジャーナリズムの上ではなく、現実社会のなかに潜在的に流れているのだ。こういった大衆の戦争体験の肯定が存在するがゆえに逆説的に戦争そのものの実体が悲惨なのであり、また戦争はやむをえない当然の国家行為だったと居直る政治権力が、現在もまだ存立しうる根拠があるのだ」（「戦後思想の荒廃」、一九六五年）。

大衆の戦争体験がつらく悲しいものだったから戦争が悲惨なのではなく、大衆がそれなりに積極的に戦場で闘ったことのなかに、戦争の悲惨さが存在する。この逆説がわからないインテリは、ほんとうに戦争を知っているとはいえない、と吉本は考えた。

このように、吉本の大衆像はきれいごとではすまされない。鶴見俊輔との対談では、「ウルトラ」に奔るタイプの大衆に違和感を表明する鶴見に反駁して、つぎのように述べている。

ぼくは、大衆のとらえかたが鶴見さんとはものすごくちがいますね。ぼくのとらえている大衆というのは、まさにあなたがウルトラとして出されたものですよ。戦争をやれと国家から言われれば、支配者の意図を越えてわっとやるわけです。たとえば軍閥、軍指導部の意図を越えて、南京で大虐殺をやってしまう。こんどは、戦後の労働運動とか、反体制運動では、やれやれと言われるとわっとやるわけです。裏と表がひっくり返ったって、それはちっとも自己矛盾ではない。大衆というものはそういうものだと思う。だから表返せば大衆というものはいいものだし、裏返せば悪い。まったくどうしようもないものだということになるわけです。こういう裏と表をもっているのが、ぼくに言わせれば大衆というもののイメージなのですね。戦争中に国家権力が采配を振ればわっと行くし、中国みたいに毛沢東が采配を振ればわっとやる。これが大衆だと思うのですよ。しかし、ぼくはそのことで大衆を悪だとは考えないし、大衆嫌悪には陥らない。

（「どこに思想の根拠をおくか」、一九六七年）

大衆に理解を示す鶴見に対しても、吉本はその甘さを衝いている。大衆の表裏をしっかり見据えた上での理解ではないと考えたからだ。まして、丸山のようなリベラル左派であれ、浅田彰のようなポストモダン左翼であれ、大衆にはなから嫌悪感をいだく論客に、吉本は容赦なかった。

柄谷行人との対談における浅田の東アジア関係をめぐる発言に腹を立て、「日中戦争期の中国の民衆にたいする日本兵士の残虐行為や、南北朝鮮にたいする植民地差別の問題を持ち出されると、宗教的な懺悔みたいな心境になってひたすら恐縮するばかりか、お先棒をかついで日本軍国主義とその指導下の兵士大衆を叱咤、むち打つくせに、あの戦争で死んでいった数百万の日本の兵士や大衆にたいしては一片の懺悔も哀悼も表しない後進インテリ特有の大衆憎悪心情」だと罵倒した（「情況への発言（一九八六年十一月）」）。

これは浅田にかぎらない戦後左翼文化人の通弊であった。国内ではナショナルな動向に敏感に嫌悪感をしめす一方で、韓国・北朝鮮、中国をはじめとする東アジア民衆の反日ナショナリズムに対しては、それが上から政略的に動員されたものであったとしても、殊勝に頭を垂れ、かつ国内向けの批判に転化する。要するに反日であることが、インテリの証しであるかのように見なされていたのだ。

対照的に丸山たちを近代主義と批判し、大衆の負の側面には目をやらず、抵抗する大衆、戦う大衆という面だけを拡大して、その偶像化した大衆をあがめるという民衆史観左翼の流れがある。これも一方的な大衆観であることに変わりはない。

吉本の清濁併せ呑む大衆観も、丸山たち啓蒙主義も、ともに大衆が戦争を闘ったことを前提にしていた。その大衆が戦場で行なったことを吉本も肯定しているわけではない。吉本のように大衆に寄り添いながら、戦争をどう語り得るのか、あるいは丸山のように大衆に同一化することなく、どう戦争責任をまっとうするのか、ここに戦争をめぐる思想の有効性が問われていた。

丸山たち知識人は、戦争に反対でありながら反対の声をあげることもできず、有効な抵抗もなし得なかった自分たち知識人のありかたを反省し、「専門の殻を越えて一つの連帯と責任の意識を持つべきではないか」と考えるにいたった。この知識人の意識の広がりを、丸山は「悔恨共同体」と呼んだ（「近代日本の知識人」、一九七七年）。丸山は軍国主義権力やそれを下から支えた大衆に対する自分たち知識人の無力を噛みしめながら、知識人の戦争責任を考えた。

吉本は戦後左翼批判にはじまり、「大衆の原像」を結晶させるなかで、大衆とともにあるみずからの戦争責任を問うていった。しかしその後の戦後思想の歩みはふたりの地点から後退し、戦争を主体的に語る視点を失っていったのではなかったか。これから先、本書で検証するテーマである。

大岡昇平の俘虜体験から

ここでもうひとり、吉本とも丸山ともまったくちがった戦中戦後の体験をした知識人の、独自の戦争観をとりあげたい。戦後『俘虜記』でデビューする作家大岡昇平は、一九四四年三月、三十五歳という高齢で教育召集、六月除隊のところをさらに臨時召集され、フィリピン・ミンドロ島に送られた。米軍が十二月に上陸したために山中へ撤退、翌年一月マラリア闘病中に米軍に捕獲され、ルソン島の収容所で捕虜生活を送った。

敗戦後の一九四六年春に執筆した「俘虜記」(単行本『俘虜記』では「捉まるまで」と改題され冒頭の一篇となる)には、主人公である大岡自身が出征に際してつぎのように内省する一節がある。

私は既に日本の勝利を信じていなかった。私は祖国をこんな絶望的な戦に引きずりこんだ軍部を憎んでいたが、私がこれまで彼等を阻止すべく何事も賭さなかった以上、今更彼等によって与えられた運命に抗議する権利はないと思われた。一介の無力な市民と、一国の暴力を行使する組織とを対等に置くこうした考え方に私は滑稽を感じたが、今無意味な死に駆り出されて行く自分の愚劣を笑わないためにも、そう考える必要があったのである。

〔……〕

出征する日まで私は「祖国と運命を共にするまで」という観念に安住し、時局便乗の虚言者も空しく談ずる敗戦主義者も一緒げに笑っていたが、いざ輸送船に乗ってしまうと、単なる「死」がどっかりと私の前に腰を下して動かないのに閉口した。

約半年間兵隊として暗号手・英語通訳を務めたあと捕虜となった主人公は、おなじく捕虜となった同胞との収容所での再会を前にして、つぎのように考えた。「私が彼等に会うのを欲しなかったということは考えられない。いかにも私は昭和初期に大人となったインテリの一人として、所謂大衆に対する嫌悪を隠そうとは思わないし、軍隊は騙された愛国者と強いられた偽善者に満ちていたが、しかし比島の敗軍にあっては、私達の間に一種の奴隷の友情が生じていたのを私は知っている」(『俘虜記』のうち「タクロバンの雨」)。

大衆を嫌悪するインテリ中年という点では丸山眞男に共通していたが、「奴隷の友情」というシンパシーも芽生えていた。この一体感は兵隊と戦場を供にしたインテリすべてに芽生えたものではなかったはずである。

『俘虜記』後半の章「新しき俘虜と古き俘虜」は、「旧日本兵が一般に『死ストモ虜囚ノ辱シメヲ受クルナカレ』という戦陣訓に忠実であったのは、ただ欺されていたからだと考えられている。しかし人間は死のような重大な問題について、そう欺され通せるものではない」という文章で始まる。このように語り手の洞察は、しばしば戦後の通念に疑いを投げかける。

ここで「新しき俘虜」とは「終戦と共に命令によって武装解除を受けて抑留された者」を指し、「古き俘虜」とは「戦時中捕獲或いは投降によって俘虜となっていた者」のことである。大岡はむろん後者に属する。ふた通りの俘虜たちは互いにいがみ合うが、その一方、飢餓状態で収容された「新しき俘虜」たちは、「古き俘虜」たちが隠匿していた食料と自分たちの時計などを交換して飢えをしのぐ。やがてかれらはすべてを巻き上げられてスッテンテンになる。だがこのヤミ行為を率先して行なったのはヤクザ者にかぎらない、一般の兵士たちであった。

武装解除され自由を奪われたかわりに、俘虜たちは生き延びるという恩恵を米軍にあたえられた。主人公も、アメリカがかれらに施したリベラリズムに大いに恩義を感じていたのだが、しかしこの章の末尾にこう書き加える。「我々の『実存』は四人である。新しき俘虜も古き俘虜も、否応なくその一色に塗りつぶされる。〔……〕その結果我々に来たものは堕落であった」。

こうして戦後は始まった。それは俘虜に特有の戦後ではなく、俘虜たちが象徴する戦後であった。

シベリア抑留という体験

大岡昇平の俘虜体験と対照的な俘虜体験があった。シベリア抑留である。一九四五年八月九日にソ連は日ソ中立条約を破棄し宣戦布告、満州、朝鮮北部に侵攻した。この火事場泥棒的な侵攻は、米英とのヤルタの密約に基づいた行為であり、ソ連の独断ではない。また条約破棄による侵攻は、実行には移されなかったものの、日本軍の側でもしばしばシミュレイトされていた。

降伏後の日本軍六十~七十万人はソ連領内に移送され、シベリア、モンゴルなどの厳しい自然環境の下で強制労働に従事させられた。その約一割が過酷な労働環境に耐えられず死亡した（その間、左派社会党の視察団は悲惨な生活を垣間見たものの、帰国後、虚偽の報告をした）。一九四七年から帰国が開始されたものの、最後の帰国は日ソ国交回復の年である一九五六年であった。これは武装解除した将兵の帰国を保障したポツダム宣言第九項に明らかに違反する行為であった。

ソ連は日本の旧軍組織を巧みに利用し、収容所内の捕虜の労働秩序はおおむね旧軍の組織に沿って保たれた。その一方、ソ連軍の指導の下に行なわれた「民主運動」は「天皇制打倒」を掲げ、階級闘争として旧上官や「反動分子」をつるし上げたが、思想的には軍国主義イデオロギーに社会主義イデオロギー（スターリン主義）を置き換えただけの運動であり、精神形態や運動形態の変革は伴われなかった。その証拠に、かれらの大半は帰国後転向した。のちに自民党最右派の参院議員となる板垣正も、収容所内では「民主運動」に従事、帰還後は共産党に入党した。

中曽根康弘をはじめ歴代首相のブレーンを務めた伊藤忠元会長の瀬島龍三は、大本営参謀、関東軍参謀などを歴任したあと、満州で捕虜となり、シベリアに抑留された。その間、東京裁判ではソ連側証人として出廷した（抑留中に特別の教育を受けたソ連の工作員とする説もある）。十一年間の抑留を経て五六年に帰国、伊藤忠に勤務、インドネシア、韓国などの賠償ビジネスで同社の発展に貢献した。また「大東亜戦争」は「自存自衛」の戦いとする持説を堅持した。

空白の十一年間を除いて、かれはつねに国家のエリートとして中枢の仕事を荷なった。抑留という時間は、まさしく臥薪嘗胆の時間にすぎなかった。

瀬島とおなじく最長の抑留期間を経て帰国した内村剛介の場合を見ておこう。内村は哈爾賓《ハルピン》学院

（戦時中は軍事要員を養成）卒業後、関東軍に徴用され翻訳業務などに従事していたが、敗戦後スパイ容疑で逮捕され、抑留十一年間の大半を監獄で過ごした。帰国後、日商岩井勤務ののち北大・上智大教授を歴任した。

代表作『生き急ぐ――スターリン獄の日本人』（一九六七年）は、語り難い体験を必死に伝えようとする独特のモノローグによって紡ぎだされる。「当局の審問は判決があったのちもつづく。それは拘禁の全期間にわたる。この審問は精神の糧をも奪い、かくしてついにみずから進んで隷従するところの『奴隷の心性』をつちかうことを目的としている。だから囚人はみずからの精神の糧を守り養い、これを当局に向けざるをえない。この精神の糧をめぐるたたかいはことばにはじまり、ことばに終わる」。

抑圧の下でひとはどのようにして「奴隷」になるのか、あるいはどのようにして「奴隷」になることを拒絶できるのか。内村はまったくの孤独のなかで、ソヴィエト国家権力との精神の闘いを敢行した。帰国後かれの思想は、むろん戦後思想の主流に合流することはなく、むしろロシア文学の独自の読みかたをとおして実存的に表現された。

しかし一般的にいえば、シベリア抑留という不当で悲惨な体験は、「今日も暮れゆく異国の丘に友よ辛かろ切なかろ」と歌われたように、いまだ帰らぬ抑留者に対する戦後日本人の同朋意識を掻きたて、過酷な戦争体験という国民のイメージを増幅した。このソ連の不当な仕打ちを批判するまなざしが、同時に戦時中の日本の不当な行ないに向けられることはほとんどなかった。

戦争体験をどう語ればよかったのか?

丸山眞男も吉本隆明も大岡昇平も、戦争で日本の兵隊たちがよくも悪しくも懸命に闘ったことを認識していた。かれらのあいだのちがいは、兵隊である大衆との距離感にあった。丸山はこの野卑な兵士たちを嫌悪し、忌避し、怖れた。吉本は逆に観念的にかれらとの距離を縮め、大岡は軍隊生活のなかで「嫌悪」から「奴隷の友情」へと揺れ動いた。どの距離のとりかたが正しいということではない。それぞれのスタンスからかれらは思想的な反芻を開始し、それぞれの戦後思想を出発させた。そこは横一線である。問題はその成果にあった。

兵士であった大衆も、「自分たちはよく闘った。しかし負けた。その責任はどこにあるのか」という敗戦責任を問いはじめていた。この問いをつづけていればよかった。やがてその問いかた自体が問われることになったにちがいないからだ。だが戦後の趨勢は、「大衆が戦争を闘った」という敗戦時には自明であった事実を外部から忘却させる方向に動きはじめた。

侵略戦争を遂行したのは軍国主義指導者であり、前線に駆り出された兵隊も、銃後で苦労した国民も、みなひとしく戦争の犠牲者であった。これが蒋介石の国民党政府、毛沢東の共産党政府、そして東京裁判の法廷が下した歴史認識である。

戦争に疲労困憊した戦後の日本人は、この都合のよい認識をほぼ抵抗なく受け入れ、すくなくとも四半世紀はこの認識が国民のたてまえでありつづけた。これが軍部指導者と一般国民とを分断する、中国やアメリカのきわめて政治的な言説戦略であり、純粋に歴史認識上の判断ではなかったことに、われわれはあまり気づこうとはしなかった。戦犯指定された軍人や政治家、あるいは責任を免責された天皇を指弾してさえいれば、自分たちの責任は覆い隠され回避されたかに見えた（むろん指導部の責任と一兵卒の責任はレヴェルがちがうのは当然だが）。戦争責任論もそのような方向で議論された。

しかしいうまでもなく、前線で戦い（のちの評価でいえば侵略し）、糧秣を確保し（略奪し）、厄介な捕虜や民間人を「処置」し（殺戮し）、腹いせや欲望充足のために婦女子に暴行をはたらいたのは、従軍した兵隊たちであった。

このことを復員兵士たちは知っていた。しかし死んだ戦友や遺族を「冒瀆」することなく、自分たちの所業をただ肯定するのでもなく、非をただあげつらうのでもない、率直な語りかたがわからなかった。ほとんどの知識人は、その範型を提示できなかった。知識人が提示する事後的な認識と判断は、兵士たちにみずからの従軍体験に対する有効な意味づけをもたらさなかった。なぜならかれらは事の真只中にいて、きわめてわずかの選択肢のなかで事に処さねばならなかったからである。

歴史家たちは事実の発掘に邁進し、日本軍の侵略行為を明らかにしたけれども、かれら元兵士たちには、現代史上の位置づけとは別に、従軍体験を意味づける思想的な位置づけが必要であった。それはペンディングのまま時間がすぎた。

3. 告発という話法から内省という話法へ

中国からの告発

敗戦から四半世紀たって、衝撃的なルポルタージュが『朝日新聞』に連載されはじめた。それまで「カナダエスキモー」、「ニューギニア高地人」、「アラビア遊牧民」などの現地取材ルポで人気を博した本多勝一記者が、日中戦争における日本軍の残虐行為を紙上に暴き出し、国民に大きな驚きと動揺をあたえたのである。そして残虐行為を躊躇なく描き出す本多の筆致に対して、賛否両面の声が巻き上がった（新聞連載は一九七一年八月末〜十二月、『朝日ジャーナル』、『週刊朝日』でも連載され、一九七二年に単行本化された）。

それまで石川達三、火野葦平、田村泰次郎、富士正晴など、日本軍の残虐行為を描いた小説作品の例はたしかにあったけれども、それは文学のなかの出来事であった。

この「中国の旅」と題されたルポルタージュの取材は、一九七一年六〜七月の約四十日間、ほぼ中国共産党の用意したスケジュールにしたがって行なわれた。「私の訪中目的は、〔……〕戦争中の中国における日本軍の行動を、中国側の視点から明らかにすることだった。それは、侵略された側としての中国人の『軍国主義日本』像を、具体的に知ることでもある。とくに日本軍による残虐行為に重点をおき、虐殺事件のあった現場を直接たずね歩いて、生き残った被害者たちの声を直接ききたいと考えた」。これが本多のモチーフであった。

前半の東北地方（満州）の取材では、炭坑などに徴用され酷使された末に死んだ中国人の多数の遺体を収容した跡とされる「万人坑」が紹介され、そのむごさが読者の眼を奪った。後半は南京虐殺の十人の生き残りのひとたちの証言が記録されると同時に、殺しつくされ、奪いつくされ、焼きつくされた「三光政策の村」が取材紹介された。

南京虐殺の模様について、本多はたとえばつぎのようにまとめている。「虐殺は、大規模なものから一、二人の単位まで、南京周辺のあらゆる場所で行われ、日本兵に見つかった婦女子は片端から強姦をうけた。紫金山でも二〇〇〇人が生き埋めにされている。こうした歴史上まれに見る惨劇が翌年二月上旬まで二ヵ月ほどつづけられ、約三〇万人が殺された。／最も普通の殺しかたは小銃による銃殺と銃剣による刺殺である。大勢を殺すときは、まず隊列を作らせて、手近な殺人予定地まで歩かせる。着き次第、まとめて機関銃で皆殺しにする。生存者がないかどうかを銃剣で刺してテストしたのち、死体を積み上げて石油をかけ、焼いてしまう」（本多はのちにこの三〇万人を十数万人から二〇万人と訂正している）。

またふたりの日本軍少尉による「百人斬り競争」という当時の新聞記事になった事実を、日本軍の残虐行為の一例として紹介した。山本七平はその戦意高揚記事を虚報とし、当時の東京日日新聞記者や本多を徹底的に批判した（『私の中の日本軍』、一九七五年）。

しかし敗戦後中国で戦犯として処刑された両少尉の名誉回復をもとめて、遺族が本多たちを告訴した裁判の過程で、ふたりが戦時中に帰国した際に「百人斬り」を認める発言をしていたこと、遺書でも「百人斬り」自体を否定していなかった点などが明らかになった（白兵戦における「百人斬り」は物理的に不可能だが、捕虜や民間人の殺害ならば、不可能ではなかった）。

大新聞に連載された『中国の旅』には、多くの非難や抗議が寄せられた。そのなかから本多は一通の手紙を紹介している（『本多勝一集』第14巻「解題」）。一部を引用すると、「戦時は人間が異常化します。米軍、支那軍の残虐も数限りないのです。日軍の残虐を決して善いとは言いませんが、古傷を一方的に暴く権利が記者にあるのですか。父親や叔父のやった事と思わず、赤の他人のやった事と思っての筆、自分を裁断するけがれなき神の位置においた驕慢の筆を憎みます。私は内地召集で実戦の実態を知りませんが、戦場で正義の兵となれたはずと断言する自信はありません。後悔している同窓、先輩の気持を逆撫ではせず、いたわってやりたいと思います」。

事実はかならずしも否定せずに、ただ「古傷」を暴いて「逆撫で」するなというパターンの抗議ではあるが、日本軍による残虐行為を暴きつづけるばかりの本多の歴史叙述の問題点のありかを、たしかに衝いてはいた。これに対して本多は手紙に見られる明治百年にわたる教育の「偏向」を嘆くばかりで、歴史を語るスタンスについての問い直しはまったく見られなかった。

『中国の旅』が中国側からの証言であったのに対して、日本軍の蛮行を日本軍兵士の側から取材したのが、『天皇の軍隊』（本多と長沼節夫の共著、一九七四年）である。これは当事者たちの証言の記録であり、証言するのは北支那方面軍第十二軍第五十九師団（符牒名「衣」）の元兵士と元将校（藤田茂元師団長を含む）である。かれらは敗戦後ソ連に抑留された後、中国へ逆送され五年間撫順で収容所生活を送った。帰国後は「中国帰還者連絡会（正統）」に属し、親中国共産党、反日本軍国主義の立場から運動したひとたちである。

衣師団は八路軍の遊撃作戦に対処するために山東省に設置された軍団であるが、かれらが語る略奪・虐殺・強姦を繰り返すさまは、悪逆非道としかいいようがない。果ては若い中国人女性の肉を食料にしたという証言まである。この通りであるならば、「三光政策」（中国側の呼称）を文字通りどころか、むしろハイパーに実践していたことになる。

本書の証言は、『中国の旅』やのちの『南京への道』において、被害当事者たちが語った事実を裏付ける仕掛けになっていた。そしてこの悪行を洗いざらい白状し、あるいは過大に告白し、懺悔し、謝罪するというパターンが、従軍兵士の戦争責任のとりかたのひとつのかたちとして、これ以降定着した（その証言の事実問題がまた論争の焦点となった。南京攻略に従軍した作家の伊藤桂一のように、南京虐殺自体を否定する元兵士も少なくはない）。

しかしこの種の証言がおなじ中国戦線を戦った日本人将兵たちに、どれだけの説得力をもったのだろうか。頬かむりして知らぬふりをするよりはたしかに良心的といってよいけれども、ただ侵略に加担させられたというだけでは片づかない、みずからの体験の意味を問いなおす内省の意識がここにはほとんど見られなかった。そこに違和感をもった元兵士は少なくなかったにちがいない。兵士たちの戦線の真只中から問いを発するもうひとつの歴史叙述（語りかた）がもとめられていたのである。「兵隊作家」火野葦平が戦後も読まれつづけた理由は、戦後の文学や思想のその欠落を埋めようとする欲求にあったのではないだろうか（これが、つぎの章のテーマである）。

告発は愛国的な行為なのか？

文化大革命後の一九八三年に、あらためて本多は中国取材した。その成果である『南京への道』には、日本軍の南京に至るまでの暴虐の道のりが描き出される。

一九三七年十一月五日未明、日本陸軍第六師団（熊本）・第十八師団（久留米）・第一一四師団（宇都宮）からなる第十軍が杭州湾に敵前上陸した。南京陥落を三十数日後にひかえた攻略戦の始まりであった。それまで苦戦していた上海派遣軍五個師団（名古屋・善通寺・金沢・仙台・東京）も南京進撃に移行した。上海派遣軍にはのちに京都の第十六師団も加わった。この第十軍と上海派遣軍の二軍を指揮するために中支那方面軍司令部が新設され、松井石根大将が司令官に任じられた。

本書によれば、両軍の南京に至る道のりは、民間人に対する掠奪、虐殺、放火、強姦、捕虜の虐殺など、酸鼻を極めた。生き残りの中国人を取材した本多の筆はその証言の記録に徹しているが、この証言は、日本側の記録（公的文書、日記、回想録など）によってもかなり裏づけられる。被害者側のオーバーな物語とだけ決めつけることはむつかしい。

つまり「南京大虐殺」は南京城内だけの突発的な事件ではなく、南京への道のりにおいて継続的に進行した出来事であった、というのが本書の主張である。

最初から最後まで残虐行為の記述を畳み掛けられると、読者の感性もやや麻痺させられるが、それにしても「東洋鬼」、「日本鬼子」と称せられて当然な暴虐行為に、日本の兵隊たちはなぜ奔ったのだろうか。

第十三師団に属した下士官が、南京城外で一万人以上の捕虜を殺害した事実を本多に語ったところによれば、捕虜殺戮の「作業」も、「敵を多く殺すほど勝つのだ」、「上海いらいの戦友の仇だ」、「遺族へのはなむけだ」といった心境のなかで行なわれ、疑いの起きる余地はなかったという。南京城内の軍司令部からの命令も、「捕虜は全員すみやかに処置すべし」であったとされる。

のちに本多は、『中国の旅』について、「私はこの報道を中国のためでは無論なく、愛国的な行為として日本人自身のためにこそしてきたのである」と発言し、「南京虐殺」はなかったと主張する「まぼろし派」を「偽右翼」と呼んだ（『南京大虐殺と日本の現在』、二〇〇七年）。本多が反米ナショナリストであることは紛れもない事実であり、日本の戦争犯罪を告発したことが中国などで誠実な態度として、すなわち立派な日本人のありかたとして、好意的に受け止められたのは当然のことだろうが、これをすぐさま愛国的な思想行為と呼ぶことができるのだろうか。

ここに描かれた日本軍は、中国サイドに同化した眼でとらえられた「敵」であり、本多自身はそのことで、あえてポジティヴに「非国民・国賊」の位置を取るのだが、それはとりもなおさず兵隊である民衆を外側から糾弾するということであった。

本多たち「大虐殺」派の告発の口調には、おなじ日本人が加害したことへの痛みが感じられない。これに対し、「まぼろし」派には「大虐殺」派に神経を逆撫でされた怒りしか見て取れない。敗戦国民の鬱屈したナショナリズムに立てこもるだけなのである。

吉田裕は、日本は講和条約後、対外的には「必要最小限度の戦争責任」を認めたけれども、国内においてはそれを否定するか不問に付すという「ダブル・スタンダード」が成立した、ととらえている

(『日本人の戦争観』、一九九五年)。しかしこの「ダブル・スタンダード」の心情的な根は深く、たんなる欺瞞のレヴェルではない。

子安宣邦は、『中国の旅』について、「過去を隠蔽する国家と、そして過去を忘却する国民に向けられた〈告発〉の報告書である。だからこそこの〈告発〉は加害の国家と国民の外部から、すなわち被害の国民の位置から発せられたのである。しかし被害の国民に報告者の視点を同定することによって『中国の旅』は、『告発の修辞法』によって構成された報告書として私たちに提示されることになる」と述べる。

そして「戦後意識が〈南京事件〉を〈隠蔽〉と〈告発〉、〈告発〉と〈弁明〉という競合する二つの物語の間に主題化させ、〈告発的な語り〉と〈弁明的な語り直し〉との二つの対抗的な語りを生み出してきたことの重大さを私がいっても、そのことは〈告発〉の正当性を疑うことでも、〈弁明〉の欺瞞性をかばうことでも決してない。戦後意識をめぐって私が注意を喚起したいのは次のようなことである。私はさきに過去を隠蔽しながらその〈再説・語り直し〉を要求する国家と、過去を忘却する国民とが同罪的に日本の戦後意識を形成してきたことをいった。そしてこの戦後意識が日本人の記憶の最大の暗部をめぐる二つの競合する物語を生み出してきたとすれば、すなわち一方は他者的視点からの〈告発〉としての、他方は自己への〈弁護〉としての、この二つの対抗する物語を戦後意識が生み出してきたとすれば、そのどちらにも日本人の反省的な自己への視点は存在しないといいうるだろう。そしてその二つの競合する物語の間にあるのは、独善的な日本の戦後意識だけではないか。閉じた言説のサイクルのなかでただ己れを肥してきたのはこの戦後意識であるかもしれないのだ」、と結論する（『近代知のアルケオロジー』、一九九六年）。

子安のいう「告発的な語り」と「弁明的な語り直し」は、当事者のポレミックな主観に即していえば、「告発的な語り」と「告発者を告発する語り」ということになるであろうか。「告発的な語り」は事件当時者を意識の上では敵側の存在として冷酷に指弾し、「告発者を告発する語り」は、事実問題にとどまらず、告発者の語りかたを「非国民」と非難罵倒し告発する語りになっている。すなわち独善的な国家意識に立てこもるだけなのだ。

しかし「告発的な語り」の側が、兵士たち当事者の現場における選択肢とその選択をした心理とを内側から説明できていれば、そしてその上でかれらの戦争犯罪という事実を提起していたのならば、無用な反撥をかなり回避できただけでなく、戦争責任をめぐる国民的合意により一歩近づけたはずなのである。つまり告発派は事後的で国民意識を欠落させた語りかたによって、思想的戦略に失敗したのである。

内省という話法

この対立構造は本多のようなジャーナリストにかぎらず、評論家、研究者、運動家を含めて、広範なひとびとを巻き込んだものになっている。そしてこの対立は、戦争目的をめぐる「侵略」か「自存自衛」かという対立にぴったりと重なりあう。つまり侵略戦争ならば残虐行為は当然であり、自衛戦争ならば残虐行為のようなことはあるはずがない、という心理がはじめから前提になっているのである。後者は、そうあってほしい、そうであるにちがいないという願望が大きいが、左派側もこの心理から自由なわけではない。ひとたび「革命戦争」、「社会主義国の戦争」となれば、残虐行為などあるわけないと思い込んできた長い歴史がある。

昭和の戦争は、「自存自衛」の意識につよく担保されていたとはいえ、中国や東南アジアという他国の領土に侵入し、多数の他国民を殺害した侵略戦争であったことは動かしがたい事実であり（日米戦争は日中戦争の流れのなかから勃発した戦争だけれども、むろん侵略戦争ではない）、そしてその戦争は、われわれの祖父母や父母たちによって担われた戦争であった。

そうであれば、これを批判するときには、外側から声高に告発するのではなく、内側から、むろん外側の他者（とくに戦争被害者）の視点をも内在化しつつ、口ごもりつつあえて批判するという語りかたこそが、ふさわしかったのではないか。内省の話法である。

「南京虐殺」を強いトーンで告発すれば、一定の読者の支持を得られる。反対にそれをでっちあげだと語気を強めれば、こちらもかなりな読者を獲得できる。しかしその対立のなかからは、あたらしい語りかたは生まれない。

そのため戦後の「侵略戦争」論は、反戦の叫び以外の戦争体験者の思いを内側に取り入れることができなかった。ひろく国民に共有されるリアリティを欠落させたのである。

そこをなんとか突破しなければならない。かつて私は、国民がアジア諸国民に対する戦争責任を忘れた理由として、アジア蔑視という理由に加えて、つぎのような理由を指摘したことがある。

だが、アジア諸国に対する戦争責任の意識を忘れさせたもうひとつの要因として、戦後における

「国民」意識の欠如を挙げることができるのではないだろうか。日本国憲法が大日本帝国憲法の改訂手続きを経て成立したように、わが日本国は、侵略戦争を行なった国家の正統な嫡子である。その国家の一員であることとの認識のないところに、責任の自覚も生まれない。戦後の国家をいかなる国家として構想するのかという国民意識を欠落させたまま、戦中への反動として、ただ国家一般を敵視したり、あるいは関わろうとしないことによって、国家の加害責任からも回避してしまったのではなかっただろうか。

戦後の革新政党とその関連運動体は、たとえば中国人民と階級意識によって連帯していると幻想し、戦争指導者とその継承者からなる「反動政府」を糾弾することで戦争責任の問題は解消できると思い込んでいなかったか。近代国民国家を乗り越える確かな展望もないままに国民意識をただ喪失していたとしか思えない。抑圧されたナショナリズムの傍流が無意識に人民的アジア主義に流れこんでいたのも、じつに逆説的な光景であった。

六〇年代後半になって、「国民は被害者でもあったが、同時に加害者でもあった」という指摘が表面化する。だが大半の謝罪の姿勢は依然、「反動内閣」や「保守反動分子」を指さしながら、アジア民衆に頭を下げるか、告発・糾弾行動に熱中するというかたちであった。すなわち他人事あるいは良心の切り売りでしかなかったのである。

（「『侵略戦争』の語り方」、二〇〇二年）

他人事ではなく、自身の問題として、戦争を語る方法を見つけなければならない。つぎの章からは三人の作家の文学作品のなかにこの問題を追っていきたいと思う。文学作品においてはとくに、だれが、なにを、どのように語るのかといったことがきわめて大きなテーマである。「自身」の問題として戦争を語った作品の、その語りかたに注目していきたい。

第二章　兵隊、われらが同胞　火野葦平の「戦争」

1．「兵隊作家」は敗戦をどう跨いだのか

「兵隊作家」の敗戦後

日中戦争以降の日本の戦時下において、火野葦平は「兵隊作家」として人気を博した。火野は一九〇七年福岡県若松港の生まれ、早大英文科中退後、家業の石炭仲仕「玉井組」を手伝いながら、文学修業をつづけていた。予備役であった三十歳の一九三七年九月に伍長として応召、第十八師団歩兵第三十五旅団歩兵第百十四連隊の一員として、十月に杭州湾北沙に敵前上陸、南京攻略戦に従軍した。出征前に書いた「糞尿譚」が翌三八年に芥川賞を受賞し、日本から派遣された小林秀雄を迎えて、戦地の杭州で授与式が行なわれた。

その後は陸軍報道班員として徐州会戦に従軍、原隊復帰後は広東作戦などに従軍し、一九三九年に除隊した。その間に「兵隊三部作」を刊行した。一九四二年には宣伝隊員としてフィリピン・バター

ン作戦に、一九四四年には報道班員として北インド・インパール作戦にそれぞれ従軍し、戦争のなかの兵隊たちの等身大の姿と行動を記録した。

「徐州会戦従軍日記」である『麦と兵隊』（一九三八年）、「杭州湾敵前上陸記」である『土と兵隊』（一九三八年）、「杭州警備駐留記」である『花と兵隊』（一九三九年）からなる「兵隊三部作」は大ベストセラーとなった。その後フィリピン戦線などを舞台にした作品を発表、一九四三年から四四年にかけては、三代にわたる庶民の視点から軍隊と日本人とのかかわりを描いた長篇小説『陸軍』を朝日新聞に連載した。

戦後は一転して戦犯作家として指弾され、日本共産党が一九四五年十二月に機関紙『アカハタ』に発表した「戦争犯罪人名簿」の文化人グループにも、菊池寛や久米正雄らとともにその名が挙げられた。この時期の火野の生活と戦争観は、火野自身の作品からうかがうことができる。

一九五九年に『中央公論』に連載された『革命前後』という長篇小説には、敗戦をはさんだ数カ月の火野自身の生活上の出来事が、かなり率直に語られている。火野はこの連載完結を待っていたかのように、翌六〇年一月にアドルム自殺を遂げた。本作品は、『火野葦平兵隊小説文庫』版解説（真鍋元之）によれば、「事実に忠実な自叙伝的作品」であり、作家（辻昌介）をはじめ身辺の人物はすべて仮名ではあるが、作品名などはそのまま引用される。

火野（作中では辻昌介）は敗戦一月あまり前から西部軍報道部に徴用されていた。戦況の悪化により、報道班員として予定されていたフィリピン行きが不可能となったからである。「ピカドン」の報に接したときには、「戦争そのものへの憤りと呪いとがはげしい渦になって、昌介をゆすぶりたてた」という、戦争への全面否定の思いに駆りたてられた（これが敗戦後の後追いの言辞なのかどうかは不明）。敗戦後は仕事の注文も少なく、かつての文学仲間と九州書房という出版社を起こしたり、おでん屋を計画したりするが、その間も兵隊に対する信頼感、祖国に対する愛国心に揺るぎはなかった。『革命前後』でも、『麦と兵隊』から長文を引用し、兵隊に対して抱いた当時の想いと、敗戦後のいまの気持ちとのあいだに変わりがないことを確認している。以下部分的に再引用するが、麦畑のなかを蜿蜒と進軍する隊列を眺めながら、主人公が戦争というものに想いを馳せる場面である。

私は祖国という言葉があざやかに私の胸の中に膨れ上がって来るのを感じた。それはむろん、私が今日突然抱く感懐ではないけれども、とくにこの数日、眼のあたりに報告された兵隊のたとえようもなき惨苦とともに私の胸の中に、それは、ひとつの思想のごとく、湧いて来た。杭州湾上陸以来、常にそうであったように、今度の徐州戦線でも多くの兵隊が殪《たお》れた。私はそれを眼前に目撃して来た。私も一兵隊である。いつ戦死するやも測られぬ身である。しかしながら、戦場において、私達は死ぬことを惜しいとは考えないのである。これは不思議な感想である。そんな馬鹿なことはない。命の惜しくない者は誰もいない。私も人一倍生命が惜しい。生命こそは最も尊きものである。しかるに、この戦場において、何かしらその尊い生命を容易に棄てさせるものがある。多くの兵隊は、家を持ち、妻を持ち、子を持ち、肉親を持ち、仕事を持っている。しかも、何かしら、この戦場において、それらのことごとくを容易に棄てさせるものがある。棄てて悔いさせないものがある。多くの生命が失われた。しかも、誰も死んではいない。何も亡びてはいないのだ。兵隊は、人間の抱く凡庸な思想を乗り超えた。死をも乗り超えた。それは大いなるものに向かって脈々と流れ、もり上がって行くものがあるとともに、それらを押し流すひとつの大いなる高き力に身を委ねることでもある。また、祖国の行く道を祖国とともに行く兵隊の精神でもある。私は弾丸のためにこの支那の土の中に骨を埋むる日が来た時には、何よりも愛する祖国のことを考え、愛する祖国の万歳を声のつづく限り絶叫して死にたいと思った。

「尊い生命を容易に棄てさせるもの」とはなにか。ナショナリズムと答えただけでは、兵隊の切実な思いをすくいそこなうことになるだろう。火野の兵隊に対する想いは、戦中戦後を通してこのように変わりがなかったとしても、しかし兵隊の「兵隊作家」に対する見かたは変わりつつあった。

広島の山奥に疎開する妻子を訪ねた帰り道、広島駅頭に屯する復員兵に主人公は親しみのまなざしを投げかけていたのだが、そのひとりから、「辻さん〔火野のこと〕、あなた、敗戦の責任を感じとるでしょうな?」、と突然詰め寄られる。

「もちろん、感じとるでしょう。感じずにおられるわけがない。あんたはわしら兵隊の王様で、わしら兵隊は一銭五厘のハガキでなんぼでも集められる消耗品じゃったが、あんたは報道班員とやらで、戦地で文章書いて大金儲け、『麦と兵隊』の印税で家を建てたとか、山林を買うたとか、大層景気のええ話じゃ。そんなとき、わしら、食うや食わずで泥ンコ生活、わしの弟はレイテ島で戦死してしもうた。あんたが、いつ、『銭と兵隊』を書くかとわしら考えとったんじゃ」、「辻さん、敗戦についてのあんたの責任は小さくはないですよ。わしら、あんたに騙されて戦うたようなもんじゃ。あんたの書いたものを愛読はしたけんど、いまから考えてみりゃあ、ええころかげんのことばっかり書いて、人のええわしら兵隊をペテンにかけとった。あんたが勝つ勝つというもんじゃから、わしらほんとうかと思うて、一所懸命にやって来たんじゃが、ヘン、こんなことになってしもうて。あんた、この責任をどうするつもりですか。あんた、兵隊の服を着とったけんど、軍閥の手先じゃったとでしょう。どうですか」。主人公は返事ができなかった。かといって弁解する気もなかった。ただ、一部の兵隊であるにせよ、かれが信頼した兵隊もまた敵にまわったショックは大きかった。

この敗戦責任を問うルサンチマンに満ちた兵隊の言葉には、たしかにひとつのリアリティがこもっていた。いやらしく、みずからの責任を棚上げした態度ではあったが、しかし作家は、個別にはともかく、かれが信頼する兵隊という集団一般に対して返答する責任はあった。かれはそれを果し得たのか、あるいは変わらぬ信頼を語りつづけただけであったのか。

ふたとおりの戦後文学

火野は一九四八年六月十五日からから五〇年十月三日まで文筆家としての追放指定を受け、連載中の小説『青春の泥濘』も一時中断を余儀なくされた。追放に指定された理由は、「日華事変以来、同人は戦争に取材せる多数の著述を発表し、世に迎えられたるものであるが、その著作に於て、概ねヒューマニズムの態度を離れなかったとは云え、『陸軍』『兵隊の地図』『敵将軍』『ヘイタイノウタ』等に於ては、日本民族の優越感を強調し、戦争、特に太平洋戦争を是認し、戦意の高揚に努めて居り、その影響力は広汎且つ多大であった。以上の理由により、同人は軍国主義に迎合して、その宣伝に協力した者と認めざるを得ない」というものであった（「追放者」）。

追放解除の直後に書いた「追放者」（一九五〇年）は、戦後の生活を描いた小品であり、『革命前後』の前哨戦に当たる作品である。火野のかつての文学仲間のなかには、戦後は一転して、米軍相手の商売に精出す者や、共産党にすばやく転進する者などが現われる。作品はその生態を活写しつつも、作家本人は一貫して「兵隊の味方」であったことを強調する。

それでも、火野を恨み、怒る復員兵が、「あの人、切腹すると、立派だったんじゃがなあ」という場面があるし、九州書房の設立を喜びながらも、その発起人に「戦争利得者」である火野が名を連ねていることに憤慨する西日本新聞の「読者の声」も紹介される（この投書に反論する投書もつづけて引用されてはいるが）。

同時期の「悲しき兵隊」（一九五〇年）は、街頭で傷痍軍人のための募金活動を始めたものの、次第に自分たちの日々の生活費を賄うだけになる傷痍兵士四人組の物語である。戦場で黙々と闘った兵隊たちを描いた作家は、かれらの哀しい末路をも追跡した。だがそれは多くの読者にとっては、よくできた戦後風俗小説であっただけかもしれない。

「巣鴨プリズン」に収監されたBC級戦犯の生活と実存の苦悩を描いた作品が、「戦争犯罪人」（一九五四年）である。かれらの多くは冤罪で戦犯になったか、上官の命令で捕虜を殺害した兵隊たちであり、みな戦争の犠牲となった「不幸な人」たちであるというシンパシーがつよく感じられる。かれら戦犯に対する世間の眼はかならずしも冷淡ではなく、お国のために戦いながら罪を得たひとびとという同情のまなざしでかれらは眺められ、援助の手も差し伸べられる。敗戦直後とは、兵隊に対する見方も変化しつつあったのだろうか。

では、この兵隊作家は同時代の戦後文学をどのように眺めていたのか。敗戦直後の「軍隊と兵隊とに対するすさまじい罵倒」に反撥した当時を回想した、つぎのような文章がある。

〔……〕しかし、私は戦場に立派な兵隊がたくさんいたことを知っていた。彼等は立派な行動をした。しかし、それはまったく祖国のため、お国が負けては大変だという一念のため、一国民として、一庶民として戦ったのであって、帝国主義とも、軍国主義とも、軍閥とも、なんの関係もなかった。私は、戦場で、自分の任務を遂行しなかった兵隊を、人間として尊敬することは出来ない。それは、人間の責任に関する深い問題であって、帝国主義、軍国主義、軍閥などの想念とはまったくかけ離れた根柢的な人格論である。それは、また、好戦的ということともまるでちがっている。私は、戦場で、八年間もすごしたが、私のまわりに、戦争や、人殺しの好きな兵隊を見たことはなかった。戦場の凄絶さが、人間の神経を狂わせ、人間でなくしてしまう現象は見た。しかし、それは兵隊そのものの本質とは別な姿であった。むろん、残忍な兵隊、低劣な兵隊はいた。しかし、それは兵隊の姿を借りた人間像であって、兵隊として象徴されるカテゴリーには入らなかった。〔……〕しかし、終戦後は、怒濤のように軍隊と兵隊とに対する不評判があふれたち、ちょっとでも兵隊を褒めたりすると、すぐに、軍国主義者のレッテルを貼りつける風潮が支配的だった。そうして、戦争中とはまったく正反対の反戦的戦争小説が次々にあらわれ、それこそが真の戦争文学であるとして、圧倒的に、世間から支持された。任務を遂行せず、戦線から脱出する卑怯な兵隊が主人公になり、それがヒューマニズムの権化として、英雄のように迎えられた。私は、梅崎春生君の「桜島」「日の果て」、大岡昇平氏の「野火」「俘虜記」などを傑作と考えている。しかし、それにすら、私はどこかに、一抹、反撥するものを感じないでは居られなかった。

（『火野葦平選集』第四巻自筆解説、一九五九年）

梅崎春生や大岡昇平の小説にも、戦後特有の反戦的な臭いを火野は看取したのだろうか。「任務を遂行せず、戦線から脱出する卑怯な兵隊」とは、つぎの章で取り上げる『真空地帯』のことであろう。

戦後のまなざしと戦中のまなざし

一九四九年に刊行された『青春と泥濘』は、大本営報道班員としてインパール作戦に従軍した体験にもとづいて書かれた作品である。「この作品には、戦争中から戦後にかけての、複雑な私の感慨が染みこんでいる」と、作者は『選集』の「解説」で語っているが、これは「戦後文学」に対する挑戦状でもあった。

インパール作戦は、牟田口軍指令官が兵隊を酷使する非情な作戦を最後まで貫徹したために、かれらを地獄の底に突き落とし、多くの兵員をいたずらに失ったことで知られている。そのためここに描かれる兵隊の生態も陰惨をきわめ、赤土に指で「天皇陛下万歳」、「兵隊の敵軍指令官を殺せ」と書き、自殺する兵隊の姿も描かれる。そのなかで兵隊たちの暗い実存にスポットが当てられる。かれはその際に強姦をも犯した。敵に密告されないために住民の女性を殺した下士官が登場する。

殺害はやむを得ぬ措置であったとしても強姦は許されない、という部下のまなざしに対して、この下士官・絲島伍長は自己正当化する論理を心のなかに思い描く。「戦争は罪悪の是認のうえに成立しているんだ。罪悪の公然たる遂行のうえにしか、戦争というものは成り立たないのだ。殺人、強盗、放火、掠奪、強姦、詐欺、陰謀、いつの世のどんな戦争だって、こういう要素はつきものだ」。はたしてこれは戦時中の兵隊によっていだかれた感想なのか、それとも作者の戦後の想念が投影されたものなのか。

作品の後半には、軍指令官を殺害しようと企てる兵隊が現われる。これを見て絲島伍長は思いをめぐらした。「軍司令官というものがつながっている根元が絶たれねば、兵隊の不幸は終わりはしない。職業軍人がいる間は、戦争を避けることはできない。戦争がなくならなければ、人間の不幸はなくなりはしない」。

しかし作品の語り手はすかさず切り返す。「この破廉恥な兵隊は、自分が悪漢である故に、一直線にその核心のものへ眼が届いていた。しかし、だから戦争に狎れあっての若干の利得は当然と考えることで、彼の眼は洞察でも智恵でもないことをも暴露していた」。

絲島伍長の戦争論は、つぎの章で取り上げる『神聖喜劇』の大前田軍曹の戦場観にもつながるものである。そこであらためて考えたい。

作品の最後に、中心人物の一人、小宮山上等兵が、捕虜として収容されたインパールの病院から恋人に書いた手紙の一節が紹介される。

僕は日本人だ。日本の兵隊として、祖国の危急に際して戦った。それを恥じない。〔……〕しかし、日本人、民族、人種、言語、その結いめぐらされた牆が、人間の不幸をつくること、戦争の因となることは明瞭だ。僕は日本人として祖国を愛する。陛下のために、命を棄てることも悔いなかった。しかし、なにかで読んで憶えているが、トーマス・マンのいったように、国家などといっている間は、人間は不幸は絶えぬという言葉にもはげしく共鳴する。これこそが、人間の青春を破壊している真の泥濘かも知れない。

「青春と泥濘」というタイトルに呼応する箇所である。作者は真面目な兵隊である小宮山にこのような理想主義的な反戦思想を語らせ、破廉恥な絲島伍長にも逆説的に戦争の本質を見透かさせた。作者自身、この抽象的・理想主義的な反戦争観と、具体的なナショナリズムや兵隊に対する愛情とをつなぐ媒介を欠落させたまま、つねに矛盾に引き裂かれる。それは亡くなるまで終生変わらなかった。「異民族」(一九四九年)もインパール作戦のひとこまを描いた短篇だが、日本軍と英軍とのはざまで二重スパイのように動かざるを得ない原住民の行動が、しっかり他者の視点から描き出されている。戦中の『花と兵隊』(一九三九年)で、日本軍と中国軍とのあいだを揺れ動いた中国人青年たちを連想させる。

「断崖」(一九四七年)は、バターン総攻撃のあと、フィリピン人捕虜に寛大に接した一曹長が、敗戦直前のフィリピン人の総反抗に遭遇し、裏切られた思いに駆られて残虐行為をはたらき、戦犯として絞首刑に処せられる物語である。

おなじくフィリピン戦線を舞台にした「鎖と骸骨」（一九五二年）は、大東亜共栄圏建設の理想のためにフィリピン人に独善的で過酷な訓練を課した一大尉が自滅するまでの過程が描かれる。「全滅」（一九五二年）は、日本軍に協力するムスリム系の部族の娘を日本軍の一将校がもてあそんだために、部隊が全滅させられる物語である。

いずれの作品においても日本軍や日本軍人の独善的な視点が相対化され、他者であるアジア民衆の尊厳が浮き彫りになっている。これに対して戦中の作品はどのように描かれていたのだろうか。いくつかの作品を見てみよう。

「歩哨線」（一九四三年）もフィリピン戦線が舞台だが、米軍と戦っているはずなのに、戦場に現われるのはいつもフィリピン兵ばかりで、意気があがらぬ一兵士が主人公である。戦後にはかえって忘れられた大事な視点ではないだろうか。

「敵将軍」（一九四三年）も、米軍側から離脱し、日本軍に協力して新比島の建設に邁進するフィリピン人将軍の物語である。『陸軍』などとともに、火野が戦後に追放指定される理由に挙げられた作品であるが、当局の不明を示しているとしか思えない。こういう「親日家」がたしかに存在し、そのかれらを最終的に裏切ったところに、日本のひとつの戦争責任があると考えるべきではないのか。

長篇小説『陸軍』（一九四五年）は、小倉の商家・高木家三代にわたる陸軍との深い因縁の物語である。初代は奇兵隊に参加、次代は士官学校から陸軍軍人となって日露戦争に従軍するが、目立った戦績もなく病気のために退役、三代目は兵卒から中国戦線、フィリピンへと転戦し、最後は戦病死する。

朝日新聞に連載されたあと、同社から「昭和二十年八月二十日」発行の奥付をもつ単行本となったが、書店に並ぶことはなかった。公式的な皇国イデオロギーと鬼畜米英意識、教科書的な国民道徳とに染め上げられていたからである。あきらかに火野の持ち味が欠落した駄作であり、戦後の選集にも火野は収録しなかった（皮肉なことに現在では、文庫で読める火野作品の数少ない一冊である）。

ざっと戦後と戦争末期の作品を眺めてきたが、火野は戦時中の自分のありかたに頰かむりすることもなく、正面からの自己批判をするわけでもなく、むしろ戦時中の問題意識を反芻しながら戦後の作品に取り組んできた。それが火野の兵隊たちに対する責任の取りかたであったといっていいだろう。

2. 「兵隊作家」の出発点

火野葦平が見た「南京」

最後に作家の出発点にさかのぼって考えてみたい。一九三七年に応召し中国戦線に赴いた玉井勝則伍長（火野葦平）は、そこでなにを見、報道班員としてなにを書き、なにを書かなかったのか、その体験は戦中戦後の火野になにを刻印したのだろうか。

火野の属した第十八師団歩兵第三十五旅団第百十四連隊の兵隊たちは、行く先も知らされぬまま門司港を出航し、三七年十月に杭州湾北沙に敵前上陸、南京攻略戦の一環として、敵軍の退路を断つために、揚子江の開港場である蕪湖を攻撃した。南京陥落の報を得たのちは、第十八師団は杭州攻略に転じ、年末に杭州に入城し駐留した。火野たち第百十四連隊は、師団の主力と別れて南京入城式に参列、遅れて杭州に入った（「南京」、一九四〇年）。

『麦と兵隊』（一九三八年）につづく、報道班員としての第二作である『土と兵隊』（一九三八年）は、この杭州湾敵前上陸から南京攻略戦にいたる、作家自身の体験を作品化したものである（「兵隊三部作」のなかでは、もっとも早い時期をあつかっている）。

『中央公論』特派員として、火野よりおそく南京に入城した石川達三が、すでに『生きている兵隊』を発表していたが、掲載誌の『中央公論』（昭和十三年三月号）はすぐに発禁となった。石川は画一的な従軍記に反発し、「戦争というものは、こんなものではない」とのモチーフから出発、戦争のなかの真実を見つめようとして、戦場の狂気と人間性とを重層的に描写した。そのため、かれらの実存を描いただけなのか、内側から批判しているのか、それとも最終的に救済しているのか、読者に謎を残した。

『生きている兵隊』が戦争という非日常を描いたとすれば、火野の『土と兵隊』も、それに先立つ『麦と兵隊』も、戦争のなかの日常、あるいは日常化した戦争を描写した。その分、従軍兵士の心情は、より率直に表現されたといえよう。

実在の弟に宛てた手紙の形式をとるこの作品は、過酷な戦いの日々とその戦闘に健気に立ち向かう兵隊たちの姿が活写されているが、同時に、戦火に田畑を荒らされ、略奪され、命を失っていく中国農民の、悲惨で哀切な姿も描き出される。

報道班員としてはじめて従軍した徐州会戦の記録であり、兵隊作家火野葦平のデビュー作である

『麦と兵隊』のなかで、火野はすでにその農民たちの根底に、日本の兵隊たちとは対照的な戦争観を発見していた。「一家の繁栄と麦の収穫とより外には彼等には、何の思想も政治も、国家すらも無意味なのであろう。戦争すらも彼等には、ただ農作物を荒す蝗か、洪水か、旱魃と同様に一つの災難に過ぎない。戦争は嵐のごとく通過する。すると、彼等は何事も無かったように、ただ、ぶつぶつと呟きながら、ふたたび、その土の生活を続行するに相違ない」。中国版「大衆の原像」である。『土と兵隊』では、日本兵の前で、人間的な弱さを隠さず命乞いをする中国兵に対しても、シンパシーのまなざしが振り向けられている。兵隊に対しても、農民に対しても、時代に刻印された民族蔑視感情を免れていないとはいえ、みずからと異なるものを見つめるたしかな眼は担保されていたといっていい。

一方、トーチカを手榴弾で攻撃して、立てこもっていた兵隊を捕虜にしたところ、火野の留守の間に、その捕虜三十六人全員が殺害されていた場面がある(戦時中の版では、おそらく検閲を意識して書き入れなかった箇所であり、戦後の版で補足加筆された)。この場面を裏づける記述が、南京陥落後に火野が父親に宛てた手紙のなかに見られる。

〔……〕つないで来た支那の兵隊を、みんなは、はがゆさうに、貴様たちのために戦友がやられた、こんちくしよう、はがいい、とか何とか云ひながら、蹴ったり、ぶつたりする、誰かが、いきなり銃剣で、つき通した、八人ほど見る間についた。支那兵は非常にあきらめのよいのには、おどろきます。たたかれても、うんともうんとも《(ママ)》云ひません。つかれても、何にも叫び声も立てずにたほれます。中隊長が来てくれといふので、そこの藁家に入り、恰度、昼だつたので、飯を食べ、表に出てみると、既に三十二名全部、殺されて、水のたまつた散兵濠の中に落ちこんでゐました。山崎少尉も、一人切つたとかで、首がとんでゐました。散兵濠の水はまつ赤になつて、ずつと向ふまで、つづいてゐました。僕が、濠の横に行くと、一人の年とつた支那兵が、死にきれずに居ましたが、僕を見て、打つてくれと、眼で胸をさしましたので、僕は、一発、胸を打つと、まもなく死にました。すると、もう一人、ひきつりながら、赤い水の上に半身を出して動いてゐるのが居るので、一発、背中から打つと、それも、水の中に埋まつて死にました。泣きわめいてゐた少年兵もたほれてゐます。壕の横に、支那兵の所持品が、すててありましたが、日記帳などを見ると、故郷のことや、父母のこと、きようだいのこと、妻のことなど書いてあり、写真などもありました。戦争は悲惨だと、つくづく、思ひました。

（花田俊典「火野葦平の手紙」、二〇〇〇年）

最後の取ってつけたような感想も火野の本音である。この一般論と戦場における敢闘精神とは、火野のなかで矛盾することなく、戦後の作品にも引き継がれた。

『麦と兵隊』でも、最後の部分で、日本軍への協力を約束するひとりを除いて、あくまで抗日を主張し反抗する中国兵捕虜三人を斬殺する場面がある。その殺害を描いた部分数行が戦中の改造社版では削除され、唐突に、「私は眼を反した。私は悪魔になっては居なかった。私はそれを知り、深く安堵した」という結びの文章に接続される。勘ぐって読まないかぎり意味不明な幕切れであった。

吉田裕の『天皇の軍隊と南京事件』（一九八六年）には、第十八師団が行軍途中に犯した略奪や強姦などの犯罪行為についての証言が記録されている。火野はみずからが目撃した捕虜殺害以外にも、これら日本軍の犯罪行為や南京城内での「虐殺」について、見たり聞いたりした可能性は高い。その後のフィリピン戦線やインパール作戦でも、同様の出来事に遭遇していたはずである。

これを火野は戦場での「逸脱」や「必要悪」ととらえていたのだろうか。検閲のために当時は書くことができなかったり、削除訂正されたりしたとしても、その見聞は兵隊に対する見かたに大きな変更を迫ったはずである。しかし火野の兵隊に対する信頼は、戦後もまったく揺らがない。謎として残される。

戦後の中野重治が『生きている兵隊』や『麦と兵隊』などについて下した評価がある。中野はこれらの作品に見られるものは、第一に「中国にたいする侵略戦争というものの残虐さの客観的な暴露」であり、第二に「それを仕方のないこととして肯定する作者たちの立場の暴露」であり、第三に「作者たちがむかしながらの日本的人情主義によってのがれたいと焦っていることの暴露」であるとし、「ひと口にいえば、日本を世界から切りはなし、日本を政府と軍との検閲で許される範囲に縮めて、そのなかで言っているかぎりは通用しても、一歩その外へ踏みだせばたちまち通用しなくなる世界に作者と日本文学とが閉じこめられた」ということだと断定した（「第二世界戦におけるわが文学」、一九五二年）。

戦後の眼で見ればそのとおりだが、吉本隆明が「日本封建制の錯綜した土壌との対決」（「転向論」）と評価した、「村の家」の作者の面影はまったく影を潜め、戦後共産党幹部としての傲岸な視線だけが際立っている。

左翼系のドイツ思想研究者でありながら、浩瀚にしてきわめて説得力に富む火野葦平論を展開した池田浩士は、日本軍兵士たちの占領地における残虐行為について、つぎのようにコメントしている。日本軍兵士の内面に分け入り、兵士たち本人にも、戦後の私たちにも、納得のいく説明ではないだろうか。

> 〔……〕あんな虫も殺せぬ優しい夫が、父が、兄が、南京大虐殺のようなことに手を下すはずはない、というのは、日本軍兵士たちの肉親のいつわらぬ気持だっただろう。これにたいして大虐殺の事実をつきつけるだけでなく、やさしいその同じ人間が残虐になりうること、それどころか、やさしさと残虐さとのあいだに関係があることを、文学表現こそが、もっと描きえたはずではなかったか。残虐行為の事実を承認せざるをえなかったときには、命令だから仕方がなかった、というのが、残虐行為に手をかした体験者たちや擁護者たちのきまり文句になってきた。けれども、抗命は必ずしも抗命者自身の死を意味しなかったという事実はさておき、残虐行為は、強制によってのみ実行されたわけではない。香月大尉〔前述の「鎖と骸骨」の主人公――引用者〕の例のように、理想のためにすすんで行なったという体験が、どんな体験者にもひとつもなかったとしたら、そもそもあの、「昭和」の時代だけでも十八年におよぶ戦争が、どうして可能だったはずがあろう。「これが明瞭に侵略戦争で、理不尽きわまるものであるという自覚があれば、戦う気持が鈍ったにちがいありません」〔「枇杷と兵隊」――引用者〕と火野葦平が言うのは、そのことなのである。そして、日本軍の兵士たちは、最終局面の餓死寸前の状態でさえ、ごくわずかな例外を除いて、「敵」たちも認めると

おり、積極的に戦うことをやめなかったのだ。

（『火野葦平論』、二〇〇〇年）

占領軍と被占領者

「兵隊三部作」の三作目にあたる『花と兵隊』（一九三九年）は、副題に「杭州警備駐留記」とあるように、南京攻略戦のあと、火野の属する第十八師団が杭州に入城し、駐留した時期をあつかった作品である。ほとんど事実に即し、ルポルタージュ的色彩が濃い『麦と兵隊』、『土と兵隊』にくらべて、フィクションの要素が濃厚である。それだけに登場する中国人青年男女の人格や思想の輪郭がくっきりと描き出されていて、火野の当時の感じかた考えかたがよく分かる作品となっている。

前二作が戦場文学だったとすれば、本作は、日本軍に占領された杭州の街の人々と、火野たち日本軍人とのさまざまな交流と葛藤が、ドラマチックに描かれた占領文学である。

かつては抗日運動に参加しながら、現在は日本軍への協力のなかに祖国解放の道を求める青年・粛長徳、その妹でありながら、抗日間諜の立場と主人公（火野がモデル）への愛情に引き裂かれる青蓮、無学なコックを装いながら抗日間諜の任務にあたる卓雲成など、占領下の屈折した青年像が、占領軍の視点から描かれる。

最後に、教養あるスパイであることを見破られ、憲兵隊に逮捕された卓雲成からの手紙を読んだ主人公が、つぎのような感想を洩らす場面がある。

〔……〕私は彼が遂に憲兵隊に捕えられたと知った時にも、彼が自分達を欺き、裏切ったという憤りよりも、寧ろ名状し難い淋しさに捉われるのみならず、奇妙なことには、私は支那人から裏切られたことによって一種の快ささえ感じたのである。それは私がスパイの味方をするということになるのではなしに、私は卓雲成がそのようなことでは私を傷つけていないであろうことの確信が持たれ、彼が又自分の祖国に対する任務と、我々の友情との間で、いかに苦しんでいたかということも、私にはよく諒解が出来た。私は卓雲成に対し、祖国のために一身を犠牲にする精神において、我々日本の兵隊に近いものを感じ、してやられた嬉しさのようなものがあったのである。

侵略者の眼で眺めた夜郎自大のいい気な感慨だと、現在の視点から批判しても、なんの意味もない。中国人のなかにみずからとおなじ愛国者の精神を見出した主人公のモラル感覚をこそ、ここでは評価すべきなのである。

戦争批判の出発点

本書はいうまでもなく、戦争文学論でも火野葦平論でもなく、戦後の私たちがどこでどのように戦争の語りかたを間違えてしまったのか、それがいまにどのように尾を引いているのか、ということがここまでのテーマであった。そのために、火野が戦中から戦後まで引きずってきたテーマを、火野がかならずしも意識しなかった問題をも含めて、検討しなおすことの意味は大きい。

戦後の短篇「枇杷と兵隊」のなかに、火野が米軍将校に対して、「軍閥の魂胆や野望などを看破する眼力がなく、自己陶酔におちいって」、大東亜共栄圏の夢を追ったことは「お人よしの馬鹿」だったと認めつつも、自分なりの戦争協力を後悔していない、と語る場面がある。池田浩士はその意味をつぎのように解析している。池田のいうように、戦後の事後的な裁断によるのではなく、戦場における兵士たちの個々の主観に率直に向き合うのでないかぎり、戦争批判の出発点に立つことは不可能なのではないだろうか。

そうだ、おまえがお人よしの馬鹿だったのだ、と火野葦平を非難したり嘲笑したりすることで、戦争体験の内実化と血肉化を避け、怠ってきたのが、戦後民主主義の歴史だった。火野葦平がここでアジアの人びとについて語っている思い、これは解放戦争なのだという自覚は、火野ひとりのものではなかった。それが思い違いであろうが、そう信じたのが馬鹿であろうが、そのような気持を多くの、ほとんどすべての日本人がいだいたというのは、歴史的現実なのである。この現実は、日本の民衆の意思とはかかわりのないところで行なわれた戦犯裁判によって、解消するものではない。また、誤りを悟って別の理想や別の自覚に身をゆだねれば、それで過去の現実が消えてなくなるものでもない。戦中の理想から戦後の理想への転換は、日本において、共産主義から天皇制へのかつての転向にさいして文学者や知識人が味わった苦悩と比べてさえ、その何百分の一、何千分の一の苦しみすら、ともなわぬままに行なわれた。天皇制への帰一は不本意な擬装であり、戦後民主主義の信奉は心底からの再生だったからか。だとすれば、擬装でしかない聖戦の兵士たちによって殺された人間は、それこそ浮かばれないではないか。――このような脈絡でとらえるとき、火野葦平の過去の正当化は、歴史と現在にたいする不誠実な姿勢であるというよりは、まず一度はそこに立ちもどっていかなければならない出発点だったのではあるまいか。さしあたり出てしまった結果を尺度にして過去を裁断することによっては、生身の具体性をもって生きられたはずの過去の、現場に一指も触れることはできないだろう。

（『火野葦平論』）

第三章　兵隊たちの抵抗　大西巨人の「戦争」

1.「敵を散々殺したる」

無力なインテリと粗野な大衆

火野葦平が、「任務を遂行せず、戦線から脱出する卑怯な兵隊が主人公になり、それがヒューマニズムの権化として、英雄のように迎えられた」と評した小説は、おそらく野間宏の『真空地帯』（一九五二年）のことだろう（正確にいえば、この主人公は内務班から脱走するのだが）。

野間は一九一五年、神戸市長田区の生まれ、京大仏文科を卒業後、大阪市役所社会部勤務を経て、一九四一年に召集された。中国・フィリピンを転戦後、マラリヤに感染して帰国、その後思想犯として大阪陸軍刑務所に半年間服役した。『真空地帯』は、作者のこの軍隊経験がもとになっている。

主人公であり視点人物（語り手が描写をするための視点となる人物）である木谷利一郎は小作農の生まれ、奉公に出されるが素行が悪く、どこも長続きせぬうちに応召。上等兵のときに窃盗の罪（実際は拾った財布を隠匿しただけ）に思想問題を上乗せされ、陸軍刑務所に二年間服役。一等兵に降格の上仮釈放され、大阪の原隊に復帰する（四年兵）。時は敗色濃厚な昭和十九（一九四四）年一月、ここから作品は始まる。

作品の進行とともに、木谷の不当に重かった刑罰は、軍隊内部の腐敗と内紛の犠牲であったことが明らかになっていく。だが復讐に燃える木谷の想いは果されぬまま、ふたたび不当な人事によって野戦行きを命じられ、脱走を試みるが失敗に終わる。意外にもとがめはなく、予定どおり南方への派遣軍の一員に加えられ、出航する。

もうひとりの視点人物であり、ひそかに反軍思想をいだく無力で良心的なインテリである曾田一等兵（三年兵）はあきらかに作者の分身だが、木谷を窃盗犯であると同時に思想犯であると過信し、軍隊という「真空管」を打ち壊す可能性を、この野卑で反抗的な男に期待する。しかし木谷が自分の前科を玩ぶ兵隊たちに殴りかかる場面において、曾田を除外しなかったように、木谷自身は曾田をとりわけ重視しているわけではない。

その他の登場人物は、性根の座った働き者である染一等兵や学徒出身で健気な弓山二等兵などを数少ない例外として、あまり好意的には描かれなかった。

『真空地帯』は山本薩夫によってすぐに映画化されるなど大評判となるが、佐々木基一・大西巨人という、野間とおなじ共産党員の文学者から批判を浴びる。野間側に宮本顕治（のち長く共産党書記長）、批判側に武井昭夫が加わって論争となるが、党内の分派抗争が色濃く反映するこの論争について、いま詳細にわたる意味はあまりない。基本的な論点は、軍隊と一般の社会とのつながりをどう見るか、そして木谷・曾田という人物の評価にあった。

大西は野間が軍隊内務班を一般社会とは隔絶した特殊な社会として描いたことを批判、「兵営ないし軍隊を『特殊ノ境涯』として規定し成立させようとしたのは、ほかならぬ日本支配権力・帝国主義者であった」とし、「かくのごとくして兵営は、言葉の世俗的な意味においてはたしかに『特殊ノ境涯』であったが、その真意においては、決して『特殊ノ境涯』でも『別世界』でもなく、最も濃密かつ圧縮的に日本の半封建的絶対主義性・帝国主義反動性を実現した典型的な国家の部分であって、しかも爾余の社会と密接な内面的連関性を持つ『地帯』であった」と規定した（「俗情との結託」、一九五二年）。また作中「反軍国的・革命的エネルギー」として肯定的に造型されている木谷は、「こざかしいルンペン・プロレタリアの淫売買い常習者」にすぎないと断定した（「再説　俗情との結託」、一九五六年）。

軍隊という組織をめぐる両者の議論は、かなりイデオロギッシュで強引であった。軍隊に社会や国家の歪んだありかたが濃縮されて表現されることは当然だし、また敵と戦い、敵を殺すことを目的とする軍隊という組織が、特殊な社会であるのもいうまでもないことだ。どちらかだけを一面的に強調するのは無理があった。しかし主人公の評価のありかたについては、「大衆」論として大事な論点がはらまれていた。

超人・東堂太郎二等兵

その大西が満を持して書きはじめた巨編が『神聖喜劇』である。大西は一九一九年、福岡市生まれ、本名は巨人《のりと》。九州帝国大学法文学部中退後、毎日新聞記者となるが、一九四二年に応召、対馬要塞重砲兵聯隊に入営、ここで敗戦を迎える。この体験が『神聖喜劇』のベースをなす。『神聖喜劇』は一九五五年に起筆、『新日本文学』一九六〇年十月号から連載を開始（のち中断）、二十年後の一九八〇年四月に単行本最終第五巻をもって完結した。

初版である「カッパ・ノベルス」第一冊（一九六八年）のカバー推薦文に松本清張は、「ここには軍隊内務班という世間から隔絶された特殊社会があり、その閉鎖状況のなかで、嗜虐的な下士官、上等兵とその犠牲となる新兵とが描かれている。主人公はその新兵の中の一種の『超人』だ。暴力的な絶対服従の軍隊で、彼が稀代の記憶力と理論を武器としていかに上長と機構とに向かって闘ったか、各兵の過去と思想とを織りまぜ、ときにユーモラスな場面をまぜながら繊細な陰影で展開してゆく。現代社会を象徴した小説である」と書いた。作品の愛読者であった松本も、「軍隊内務班という世間から隔絶された特殊社会」と認識していたのである。大西はどのような気持ちでこの推薦文を読んだのだろうか。

物語は真珠湾攻撃からひと月後の昭和十七（一九四二）年一月に始まる。舞台は日本陸軍の対馬要塞重砲兵聯隊、ここに「補充兵役」から「教育召集」された新兵百数人が入営する（「現役」兵も同時に入営するが、その後の作品のなかには現われない）。全五巻四七〇〇枚の大作は、これ以後たった三カ月間の内務班のなかの物語である。

この三カ月間に戦闘は一度もなく、大事件も起こらない。描かれるのは、主人公（語り手）東堂太郎二等兵とかれを取り巻くひとびととのあいだに繰り広げられる人間ドラマである（神聖喜劇！）。

大西本人をモデルとする（としか読めない）東堂二等兵は、九州帝大を左翼運動の容疑で退学、新聞記者となったインテリである。実存的には虚無主義者であり、社会思想としては反戦思想の持ち主であるが、みずから戦争に抗し得ない以上、「五体満足な私が実践への参加から逃げ隠れてただ他人を見殺しにするのは、結局のところ人間としての偸安と怯儒と卑屈と以外の何物でもあり得ない」と考え、「私は、この戦争に死すべきである」と決意して入営した。この決意に現われているのは、虚無主義とはうらはらな武士道的あるいは志士仁人的なエートスであることに留意しておきたい。

超人的な記憶力と強靭な論理力をもつ東堂は、入営以来軍隊内のさまざまな理不尽な命令や慣行や言語使用法に敢然と、しつこく立ち向かっていく。日本近代文学に、自分をモデルにこんなスーパーマンを造型した前例はない（大西のいいかたに即していえば、モデルではなく「プロトタイプ」というべきであろうが）。それだけとっても異色の作品といえるだろう。

たとえば、兵隊がたとえ知らなかったことでも、「知りません」といってはならず、「忘れました」といわなければならない隊内の慣行があった。東堂はこれに隷従せず、あくまで「知りません」を通すことで、かれにつづく兵隊を生みだす。

東堂はこの慣行のなかに、下級者に「忘れました」といわせることで、上級者に責任を遡及させない「上級者責任阻却の論理」を見出し、その頂点に天皇の存在があることに思いいたる。丸山眞男とは別の回路を通って発見した「無責任の体系」であった。

その他、「毎日毎日三度三度大根のおかずばっかり食べておりますので」と葉書に書いた兵隊が軍事機密の漏洩をとがめられる件など、バカバカしい出来事がつぎつぎに起こるが、東堂はこれらのいちいちに、隊内の法規を引き合いに出しては挑みかかる。

近代国民国家の軍隊が堅持すべき法治主義を武器にした東堂の戦いは、軍隊内のさまざまな矛盾、すなわち部落差別や弱いものいじめなどの実態を暴きだす。これらの事件についてはもうすこしあとで取り上げることにして、もうひとりの重要な登場人物を紹介しておきたい。

「虐殺者」大前田文七軍曹

東堂の周辺には底辺出身の兵士がひしめき、やがてかれらはそれぞれのかたちでみずからの主張を始めることになるのだが、なかでも初めから強い存在感で迫るのが、農民出身の大前田文七軍曹、東堂たちが配属された新砲廠第三内務班の班長であった。かれは野戦重砲兵として杭州湾敵前上陸、徐州および武漢三鎮の攻略に参加した戦歴をもつ、自他共に認める「歴戦の勇士」であった。

大前田が新兵たちに向かって、中国戦線におけるみずからの残虐行為を異様な熱気と饒舌をもって語ったとき、東堂は大きな衝撃を受けた。と同時に、語りの各所に健康な「平民感情」や冷静な戦況認識を聞きとった。この暴行虐殺者の相反するふたつの顔を前にして、東堂は当惑したのである。

大前田は、「大将やら大臣やら博士やらが上っ面だけどげん体裁のええごたぁることを仰せられましても、殺して殺し上げて取って取り上ぐるとが戦争じゃ」と断言し、新兵たちを睨みつけた。この農民上がりの下士官は、まさしく「支配者の意図を越えて南京虐殺でもやってしまう存在」（吉本隆明、五九ページ参照）なのであった。

さらに、「人殺しのほかに、どげな御立派な仕事があると思うて、貴様たちゃ兵隊になっとるとか。

『敵を散散殺したる、い、い、勇士はここに眠れるか』ちゅう歌の意味を、胸に手を当ててようと考えてみろ」と、軍歌「戦友」の歌詞を「適切にも」間違えて説教する（ただしくは、「敵を散散懲《こら》したる」）。

最後に、「この前の大陸じゃ運よういのち拾いをして帰ってこられたが、今度はおれもたいがい助からんと覚悟しとる。お前たちもそう心を決めとけ。うぅ、おたがいさまに、行きとうして行く南方でもなけりゃ、しとうしてする人殺しでもないぞ。しかし行ったからにゃ、内地じゃ人一人殺したおぼえもないこのおれが、敵の毛唐どもをならべといて、榴霰弾・曳火信管の零距離射撃、水責め火責め、一寸試し五分刻みに、支那でやった数を上まわるぐらい、思う存分たたき殺してやる。敵と名のつく奴たちにゃ、どいつにもこいつにも仮借はせん。そうこうしよりゃ、いずれこっちが反対に打ち殺されて、煮つけにされた魚のごたぁる目を剝いて南方の赤土の上にひっくり返らにゃなるめえばってん、おれの目ん玉の黒いうちは、当たるをさいわい、ありとあらゆる方法で、殺し散らかしてやるぞ。また国は、軍は、そうさせるつもりでおれたちを行かせるとじゃろうが？　殺す相手は、日本人じゃない、毛唐じゃろうが？　敵じゃろうが？　殺して分捕るが目的の戦争に、余計殺して余計分捕ったほうが勝ちの戦争に、『勝ちゃ官軍、負けりゃ賊軍。』の戦争に、殺し方・分捕り方のええも悪いも上品も下品もあるもんか。そげな高等なことを言うとなら、あられもない戦争なんちゅう大事を初手から仕出かさにゃええ。いまごろそげな高等なことは、大将にも元帥にも誰にも言わせやせんぞ」、と開き直る。

「忠勇無双の我が兵」の、これがひとつの実態だったのだろうか。ここには大前田本人の資質に加えて、戦場を渡り歩いた兵隊の、内心の葛藤を乗り越えたすえに得られたリアリズムがあった。ただし、この反将校的あるいは反軍的とも聞こえる発言のなかに、逆説的な戦争批判の言葉を単純に読み取るべきではない。『青春と泥濘』（火野葦平）の絲島伍長の戦争観もけっして反戦的ではなかった。

大前田はまた、兵隊の出身や素養や身体的欠陥に対する差別意識を露骨に表現する男でもあったが、この粗野にして悪辣にもかかわらず、一方で言動のはしばしに人間味を彷彿させる下士官をどうとらえるか、ここに作品評価の大きな鍵があった。

聖戦理念の体現者・村上少尉

大前田軍曹の戦場観に真っ向から対立するのが、村上少尉の聖戦理念である。村上は熊本の第五高等学校を二年で中退、陸軍士官学校に転じた経歴をもつ少壮将校であり、「質実剛健」「清廉潔白」と隊内で評判され、東堂の眼にも「一種の理想主義的情熱」に輝いていた。

かれは大前田の演説を聞きとがめ、つぎのように反論する。「数年間大陸の戦野を馳駆して奮戦した大前田軍曹の労苦は、村上も聞いて知っている。貴重な戦場体験を持つ古参者が、そこから得た戦訓を新兵に与えて教育するのは、有意義でも必要でもあることだ。〔……〕しかし広大無辺な戦場のどこそこかにたまさかあったかもしれぬような一部派生的局面のみを取り出して拡大誇張し、あたかもそれが聖戦あるいは皇軍の全体的真相であるかのごとくに言い立てるのは、特に未経験な兵たちに皇国の戦争目的を誤解せしめる流言蜚語の類であって、到底戦訓たり得ない。その最も重大な眼目にたいする着意が、大前田の訓話には致命的に欠けている。そこを大前田はなんと考えたか。そのほか山中准尉が指摘したような問題もあり、たとえ仮定の話にもせよ、敵国婦女子に関する放言なども不謹慎極まる。何よりもまず第一に、わが日本の戦争は『殺して分捕るが目的』ではない」。

東堂は村上の話を「形のごとくに陳腐」であるとしか聞かなかったが、そのあとに、「――決して『殺して分捕るが目的』であってはならない」と付け加えたとき、衝撃を受ける。「現実の日本の戦争がそうでないとは無条件には断定せられ得ない、というような認識または疑問または懸念が彼に存在することを、それは、搦め手から証明していはしないか」。

つづく村上と東堂との武士道をめぐる問答のなかから、東堂はみずからが左翼反戦思想を心中ひそかに抱いているにもかかわらず、村上に「鏡に映った私自身」を見出した。

村上の述べる理念は戦争のためにつくられたフィクションではあるが、それを信ずるかれのなかに嘘はない。南方戦線への転属を希望する村上は、やがて戦地で玉砕することになるだろう。あるいは大東亜共栄圏の理想と戦地での現実との矛盾に苦しむことになるのであろうか。

いずれであれ、聖戦の理想を純粋に体現する人物像を造型したこと、それも東堂のような左翼的な人物にとっても魅力的に映る人物像として造型したことが、この作品世界の深度を増したことはまちがいない。表明する思想と、その持ち主の社会身体性とのあいだの矛盾を突くイデオロギー批判の道を安易に選択しなかったことで、『神聖喜劇』は戦後文学の通弊を抜け出たのである。

「雑草」たちの戦い

内務班内には、東堂、大前田、村上をはじめ多様な人物が息づいていた。善玉悪玉にかなり類型化されてはいるが、映画化のキャスティングを考えてもみたくなる配置である。

炭坑夫あがりで重営倉（罰として寝具もない部屋に閉じこめられること）の経験もある村崎一等兵、おなじく坑夫出身で障害を負った鉢田二等兵、元「隠坊」（火葬・埋葬に従事したひとで差別された）の橋本二等兵、部落出身で前科がある（と見られている）冬木二等兵、神主でひ弱に見えながら芯の強い生源寺二等兵など、「雑草」たちのなかにも役者はそろっていた。

最初は風采の上がらなかった人物たちが、やがて隊内の理不尽や差別に対してささやかな、しかし地に足の着いた抵抗を開始する。その抵抗がけっして左翼的な反戦思想によるものではないことが、面白く大事なところである。

悪役側も「厳原《いずはら》閥」（対馬の地方閥）の神山上等兵、吉原二等兵（詐欺師）、谷村二等兵（東大卒で三井鉱山社員、立ち回りがうまい）やたちの悪い転向者である片桐伍長（東大卒）など、どれも類型的な役割をしっかりと担っている。

この内務班にひとつの事件が出来する。一兵士の銃剣の鞘が、夜のうちに何者かによって損傷したものに摩り替えられていたのである。その晩不寝番に立った四人の兵隊、とくに被差別部落出身で前科者（ほんとうは傷害致死事件で執行猶予中）の冬木二等兵に、疑いの目が向けられた。一般社会の偏見や差別がそのまま軍隊のなかに持ち込まれたのである（のちに犯人は悪役側のひとりであったことが判明する）。

そのあいだにもうひとつの事件が挟み込まれる。「ガンスイ」（うすのろ）と馬鹿にされた第一班の末永二等兵が、民家の軒先からスルメを盗んだために、直属班長たちの悪ふざけの犠牲となり、「死刑」に処せられようとしていたのだ。この「模擬死刑」に気づいた第三班の東堂や冬木が止めに入り、冬木が「人のいのちを玩具にするのは、やめて下さい。人のいのちは、何よりも大切であります」といったことに対して、第一班の班長は、「人殺し」にそんなことをいう資格はないと開き直る。

別の班長が、人のいのちが大切ならば、戦場ではどうするのだと問いただすと、冬木は決然と返答した。「鉄砲は、……前とかうしろとか横とか向けてよりほか撃たれんとじゃありまっせん。上向けて、天向けて、そりゃ、撃たれます」。反戦思想の明白な表明であった。

冬木や東堂が、哀れな末永に代わって「軍紀風紀破壊紊乱」の罪を引き受けると申し出ると、教育掛助手の村崎一等兵が、そうするように他の兵たちにも呼びかけた。そこに村上少尉の制止が入る。村上は村崎の行為を「党与抗命罪」の「教唆」、あるいはその「首魁」に当たるとし、また冬木が表明したのは「最も悪質の敵性思想」、「徹底的反軍非戦思想」だと糾弾した。

東堂は村上の発言に不自然なものは感じなかったが、そのなかに「当世（最新）帝国主義」を見て取り、かれが第一内務班長らをとがめなかったのは、「小の虫を殺して大の虫を助ける」類だと思った。村上のイデオロギーは当然東堂とは相容れないものであったけれども、倫理感覚にも違和感を残したのだった。

その日のうちに、村崎に重営倉八日、東堂・冬木に重営倉三日、橋本二等兵に重営倉二日、末永に軽営倉二日の処置が決定・執行された。

日本社会の差別構造が縮図として内務班のなかに象徴的に表出された事件であり、それに対して底辺出身の民衆たちがナイーヴに反抗したこと、この結果、作品の最後に、インテリである東堂に再生が果されたことは、重要な読みどころであった。

最後の事件

入隊から三カ月後の四月、大前田軍曹のかねてからの予告のとおり、新兵たちは「満期除隊」とはならず、あらためて「臨時召集」の命令が下された。東堂は実戦部隊を希望したが、西部第七十七部隊（対馬要塞重砲兵聯隊）にそのまま残留、部隊本部に編入された。

それから一週間後、大前田軍曹が勤務時間中に女性と逢引きしていたことが発覚したために、職務を離脱し脱走するという事件が起きた。四日間にわたる捜索ののち逮捕され、憲兵に護送される大前田に、東堂はたまたま遭遇する。そのとき東堂を凝視する大前田の眼は、「おれは別に悪気で言うとじゃなかばってん、ほんとなら、こげなふうに『陸軍刑法』上の犯罪で逮捕され軍法会議に掛けられ軍監獄にぶち込まれにゃならん奴は、おれじゃのうして、お前じゃよ」、といっているように受け取られた。

軍法会議で大前田には、小倉陸軍刑務所における長期服役の判決が下された。大前田の脱走事件を人間性（欲望）の証明ととらえ、それが軍隊という秩序への反抗として表現されたことに、肯定的な評価をあたえることもできるかもしれない。じじつ、そのような評価をときに目にする。しかしこういうご都合主義的な判断はなんの役にも立たない。兵隊の欲望はときに軍規をも越えて残虐行為として表現されたことを、こういう論者はどう評価するのだろうか。

東堂の長い兵隊生活は、むしろこのあとから始まった。しかしかれはここまでのあいだ、同僚の新兵たちに起きたさまざまな事件に、かれらとともに対処していくうちに、人生観に変化をもたらしつつあった。すなわち、「我流虚無主義の揚棄、『私は、この戦争に死すべきである。』から『私は、この戦争を生き抜くべきである。』への具体的な転心、『人間としての偸安と怯儒と卑屈と』にたいするいっそう本体的な把握、『一匹の犬』から『一個の人間』へ実践的な回生」が、この「一期三ヶ月間」の生活のあいだに胚胎されつつあったのである。語り手である東堂は、この「実践的な回生」をめぐる「別の長い物語り」を予告して、本作品の語りを終了した。

2.『神聖喜劇』V.S.『真空地帯』

大前田・東堂V.S.木谷・曾田

最後に『神聖喜劇』と『真空地帯』を比較しながら、戦後における戦争の語りかたを考えてみたい。まず大前田軍曹と木谷一等兵を比べてみよう。ともに貧農の出であるが、大前田は一兵卒から下士官に昇進した、自他共に認める鬼軍曹であり、戦争とは「殺して分捕る」ことだと公言する。軍隊批判や戦争批判をしているつもりはないけれども、戦争の現場をよく知る人間として、「聖戦」イデオロギーの欺瞞をわきまえていた。物語の最後に、軍隊秩序の侵犯者となって刑罰を受ける身となる。

一方木谷はあらゆる組織になじめず、自分の感情と利益にだけ忠実な存在であるために、隊内では反軍的危険思想の嫌疑を掛けられる。この木谷の無気味な存在に、インテリ兵である副主人公は、軍隊の秩序を食い破る可能性を期待した。しかし南方の戦地に向かった木谷がその後、「真空管をうちこわす」よりは「殺して分捕る」兵士となった可能性は低くない（戦局不利と見ればいちはやく投降もしただろうが）。そして大前田が大衆的リアリティを濃厚に匂わせていたのに対して、木谷はあくまで単独のアウトローであり、ひ弱なインテリの期待の対象にしかならない。

木谷に配された副主人公・曾田一等兵は作中無力なまま動きを示さない。木谷のためにリスクを犯す覚悟を決める場面もあるが、それも未発に終わる。木谷をただ眺め畏怖する「視点」の役割を果すだけなのである。

それにひきかえ、東堂二等兵（こちらは主人公）は、自分が戦争に抵抗できない以上、「ただ他人を見殺しにするのは、結局のところ人間としての偸安と怯懦と卑屈と以外の何物でもあり得ない」と考え、この戦争のなかで死ぬつもりで入営した。しかし隊内のさまざまな事件に対処するなかから、あらたな人生観を獲得しはじめる。

東堂のこのリゴリスティックな倫理観は、かれの儒教的で古風な教養と無縁ではない。これは、戦争を生き延びた東堂がこの物語を語る時点においても変わりはなかった。作中頻繁に引用される漢籍がそれを証明している。

両作品の周辺の人物を見ていこう。木谷・曾田を取り巻く兵士・下士官・士官の大半は隊内の腐敗に汚染されたか、それになんの抵抗もできない人物たちだ。前述の染一等兵や弓山二等兵は例外的な人物であり、学徒出身の初年兵の多くは小ずるく立ち回り、あるいは安西初年兵のように辛抱できずに脱落した。

これに対して大前田の班内には、地味ながら魅力的な兵隊たちが息づいている。冬木二等兵をはじめ、村崎一等兵、鉢田二等兵、橋本二等兵、生源寺二等兵など、じつに多彩である。かれらには動きがあり、たった三カ月のあいだにそれぞれの人格に磨きがかかる。逆説的にいえば、軍隊とはすばらしい学校なのであった。悪役側にもこれが当てはまらないわけではない。剣鞘事件の真犯人であった吉原二等兵が最後に東堂に出した手紙には、それが読みとれる。また『真空地帯』にはないものとして、村上少尉の存在がある。

ではなぜ最後に大前田が脱走することで、物語はひとまずの終幕となったのだろうか。大前田を陸軍刑務所に閉じ込めるよりは、南方の戦線に赴かせ、玉砕するか、餓死するか、あるいはBC級戦犯として死刑に処せられるか、といったなりゆきのほうが、かれの作中の役割にふさわしかったのではないか（語り手の東堂をのぞいて、登場人物のその後はいっさい作中に語られないのだから、このことについても明示される必要はない）。

大前田の脱走事件は、『真空地帯』における木谷一等兵の脱走事件をあきらかに連想させる。木谷は脱走に失敗し捕えられるが、なぜかとがめもなく南方に送られる。それは木谷にとって、また語り手にとっても、引き伸ばされただけの懲罰として受けとめられている。

では大前田が南方に送られたらどうなるのか。かれがかつて新兵たちに長広舌を振るったように、「当たるをさいわい、ありとあらゆる方法で、殺し散らかし」たのではないか。これを単純に懲罰と呼ぶことはできないことを、大西巨人は自覚していた。したがってプロットが大前田の脱走と逮捕という道を選択した以上、かれはじっと刑務所で服役するしかなかったのである。

野間―「曾田」―丸山という系譜と火野―大西―「東堂」―吉本という系譜

『真空地帯』は丸山眞男に、「これまで軍隊の問題をあれほどトータルに捉えた文学作品も社会科学的業績も寡聞にして私は知らない」と言わしめた（「野間君のことなど」、一九五三年）。吉本隆明は『神聖喜劇』を、「この作品は文学の作品だが、どんな社会史や政治思想史の本よりも太平洋戦争期の日本軍隊とそのなかに投げこまれた一般の兵士たちの姿を克明に如実に描いている」と評価し、また文学的には『ヴィルヘルム・マイスター』に比肩する教養小説として、『源氏物語』明石の巻のような流謫の物語として、読むことを薦めていた（ちくま文庫版『神聖喜劇』第三巻「解説」、一九九二年）。

野間―「曾田」―丸山という系譜と大西―「東堂」―吉本という系譜とを比較したとき、戦争を「われら」の問題、つまり「われら」が行なったことの問題としてとらえたのか、「かれら」の問題、つまり「かれら」が行なったことの問題としてとらえたのか（この視点にとっても「われらの社会」の問題ではあるのだが）、という問題が浮かび上がる。

丸山の思想がきわめて鋭い分析に支えられていたにもかかわらず、そして丸山という存在が学界・ジャーナリズムの大スターであったにもかかわらず、「国民」の戦争の記憶にいまひとつ触れあえず、戦争体験の思想化という国民的な課題に答え得なかった理由はこのあたりにあったのではないだろうか（「悔恨共同体」というかたちでインテリの課題を提供したけれども）。

一方、吉本―大西の系譜の先に、火野葦平を置いてみたいという気持ちに私は駆られる。火野も大西も北九州の生まれであり、歳も一回りしかちがわない。にもかかわらず、間テクスト性の見本のようにさまざまな書物が引用される『神聖喜劇』のなかに、兵隊三部作はおろか、火野の名前さえ見出すことができないのである。主人公の東堂太郎は、『生きている兵隊』は読んでいるのに『土と兵隊』には触れることがなく、大前田の杭州湾敵前上陸、南京攻略戦に参加という戦歴を知っても、おなじ戦歴の火野を想い出すことがない。

大西はあるインタヴューのなかで、『麦と兵隊』や『土と兵隊』は発表当時に読んだと答えたあと、「私は、火野葦平の『兵隊物』を一概に低評価する者ではありません」といいつつも、『土と兵隊』のなかで、行進隊列の兵隊ひとりひとりは疲労困憊し泥に汚れているけれども、部隊全体の行進は勇壮な美々しさを呈している、この全体にこそ着目すべきだ、と火野が語っていたことをとりあげ、「日中全面戦争勃発後の、軍国的全体主義を明らかに表象的に宣伝していた」と批判している(「面談　長篇小説『神聖喜劇』について」、一九八二年)。

しかし私は、大西と火野とをあえて連続したものとして読むことによって、戦争の語りかたとその作法を考えるひとつの可能性が探り得るのではないかと考えたい。かれらはともに、戦争に行き戦場で闘うことを「われら」の問題として引き受けていたのである。

つぎの章では大江健三郎の「戦争」観を見ていくことになるが、大江の小説のなかには、政治的な発言とはうらはらの不思議な伏流が見え隠れしている。戦争を「われら」のこととして語る、その伏流をさかのぼってみたい。

第四章　軍国少年の夢　大江健三郎の「戦争」

1．亡父の蜂起

父親は木車に乗って出陣した

大江健三郎といえば「戦後民主主義を代表する良心」という相場が確立している。故・加藤周一らとならんで平和憲法を護る「九条の会」の発起人をつとめ、3・11のあとには、『ニューヨーカー』のインタヴューにいちはやく答え、核と原発からの脱却を世界に訴えた。脱原発のための「一〇〇〇万人集会」の呼びかけ人にも、坂本龍一らとともに名を連ねた。朝日新聞やNHKがその威信に磨きをかける。申し分のない立ち姿だ。

しかし「軍国少年の夢」と題してこれから論ずるのは、大江健三郎の歴史意識である。意外に思う方がいるかもしれないけれども、大江健三郎は小説のなかでこの夢をひそかに実現させながら、その一方で「戦後民主主義者」としての社会的発言を繰り返してきた。その矛盾自体を批判するつもりはまったくない。政治的な発言と文学的な想像力とのあいだに懸隔があるのは当然のことだ。ただ矛盾のつくりかたのなかに潜む問題について考えてみたいのである。そのためにはあくまで小説作品に即して考えてみなければならない。

この十年、大江健三郎は「晩年の仕事《レイト・ワーク》」とみずから呼ぶ一連の作品を書き継いできた。長江古義《ちょうこうこぎ》人《と》という大江本人をモデルとする作家が主人公のこのシリーズには、古義人の父親が敗戦時に徹底抗戦の決起に立ち上がったことが、重要なエピソードとして繰り返し取り上げられる。

ところが実際の父親は敗戦一年前の一九四四年に病没しているから、このエピソードは大江の年譜的な事実とは重なり合わない。それだけでなく敗戦時にこれに類する歴史的な事件すら見当たらない。つまりこれは作家の想像力があえて亡父に仮託して生み出した仮構の事件なのであった。

この決起が作品世界に最初に登場したのは、三島由紀夫自衛隊乱入・自決事件の翌一九七一年に発表された「みずから我が涙をぬぐいたまう日」という中篇小説であった。ただしこの作品は、まだ長江古義人を主人公とする「晩年の仕事《レイト・ワーク》」ではない。この作品は「セヴンティーン」二部作（一九六一年）以来の「純粋天皇」観をフィクショナイズしたものだが、主人公の一人称で率直に語られた「セヴンティーン」二部作とは異なり、三島事件がもたらした大江自身の衝撃をさまざまな角度から反芻したためでもあろうか、結果として不必要とも思われるほど煩雑な構造をつくりあげた。

主人公は肝臓癌のため瀕死の床にあると自称する作家。そのかれが、敗戦時に徹底抗戦を試み憤死した父親の記憶を妻に口述筆記させたものが、作品の基本テクストを構成する。だがこのテクストのあいだに、妻（「遺言代執行人」と夫は称している）によるコメントが適宜差し挟まれるため、そのコメントによって、夫の口述テクストの信憑性はつねに疑われ相対化される。したがって客観的、一義的に決定しがたいストーリーではあるのだが、事件のあらましは以下のとおりである。

満州帰りの民間右翼であり、四国山中の自宅の蔵に蟄居していた父親（主人公の口述のなかではつねに「**あの人**」とゴシックで表記される）が、敗戦を前にして徹底抗戦を叫ぶ松山の青年将校たちと語らい、かれらを先導し、当時十歳の息子（主人公）を引き連れて「大内山」を目指し進軍を開始する。しかし父親は、軍資金を調達しようとした松山の銀行の前で、あえなく撃ち殺される。銀行強盗に間違えられたのか、軍内部の抗争によるものか、または上空の米軍機に撃たれたのか、原因は定かでない。銃撃を免れ戦後を生き延びた主人公のなかでは、父親による勇壮な出陣として記憶されるシーンだが、かれの母親の証言によれば、膀胱癌に冒された体を木車に乗せた悲惨な出撃でしかなかった。

主人公が理想とする父親像は作家大江自身の無意識に潜む夢にちがいなく、作中の妻のコメントや母親の証言は、その夢をつねに覚醒し異化する大江の政治的理性にほかならないだろう。「セヴンティーン」第二部「政治少年死す」のなかで少年テロリストに胚胎された「純粋天皇」の想念もまた、この作品のなかでさまざまなかたちで相対化されパロディ化される。十七歳のテロリストの内側に潜入し同化するなかから造型された二部作（少年はモデルの山口二矢よりよほど大江自身に似ているのではないか！）にくらべ、この作品の主人公は徹底して戯画化されている。

主人公の作家が大江の分身であるのはまちがいないところだが、これは等身大の大江をモデルとした作品ではない。しかし自身を明らかなモデルとした（厳密にいえばそのように読者を誘導した）レイト・ワークの第一作『取り替え子（チェンジリング）』（二〇〇〇年）においては、ほぼおなじ事件が主人公長江古義人の亡父のエピソードとして語りなおされる。『取り替え子（チェンジリング）』は親友であり義兄でもあった映画監督・伊丹十三の自殺に衝撃を受けた大江による追憶・追悼の物語であり、この作品を書くことが作家自身の回復を計る試みでもあったと考えられる。ところが作品世界のなかでは、古義人はもとより伊丹をモデルとする塙《はなわ》吾良《ごろう》までもが、父親の弟子・大黄《だいおう》による、さらに新たな事件に巻き込まれるはめになった。このエピソードも、年譜上の事実に反するフィクションであるのはいうまでもない。

四国松山の高校時代に始まる吾良と古義人との関係は、ふたりが「アレ」という符丁で呼ぶこの事件によってさらに濃密なものとなった。「アレ」と呼ばれる事件、およびその前段をなす大黄による占領米軍キャンプ襲撃計画についてはつぎの2節で論ずるとして、まずはそれに先立つ敗戦時の父親の決起事件である。

この作品でも決起事件は、父親と弟子の大黄たち、それに連隊を脱走した青年将校たちが軍資金を調達するために松山の銀行を襲撃し、父親は警官隊に銃殺され、その盾になった大黄も左肩を打ち抜かれる、というストーリーとして描かれる。大筋は「みずから我が涙をぬぐいたまう日」から変更はない。

戦後、父親の遺した谷間の錬成道場を受け継いだ大黄と古義人の因縁は、「アレ」と呼ばれる事件以降も執拗につづき、かれらは作家となった古義人の活動にも見張りを怠らず、古義人の足に砲丸を落下させるという暴力的な牽制をも仕掛けていた。古義人が『聖上は我が涙をぬぐいたまい』（「みずから我が涙をぬぐいたまう日」を当然想起させる）という小説を書いたあとには、二度目の砲丸が落下された。

大江はフィクショナルな父親像ばかりでなく、さらにその弟子の大黄という男までを仮構し、戦前の天皇主義思想と、それに侵食されていたみずからの少年時代を反芻しつづけているのであった。これはいったいなんのためなのだろうか。

父親は水死した

この『取り替え子（チェンジリング）』をあいだに挟んで、「みずから我が涙をぬぐいたまう日」に正面から向きあう作品が、最近作『水死』（二〇〇九年）である。この作品では、父親は木車に重篤の体を載せて出陣したのではなく、ひとり短艇に乗り出発したまま「水死」した、というストーリーに書き換えられた。そのあらすじは以下のとおり。

母親が九十五歳で亡くなって十年が経ち、遺言にしたがって封印されていた「赤革のトランク」が開封を許される時が来た。主人公の古義人は、トランクのなかの資料を使って父親の最期を小説化するという、年来の計画を実現するために帰郷する。だが期待に反して、トランクのなかに残されていたのはフレイザーの『金枝篇』の原著三冊だけであり、他の資料はすべて処分されていた。

古義人はかつて資料なしで「みずから我が涙をぬぐいたまう日」（そのままのタイトルで引用される）という中篇小説を書き、「水死という悲惨な死をとげたお父さんへの侮辱じゃないか」と怒った母親から義絶された。すなわち「みずから我が涙をぬぐいたまう日」における父親の出陣の姿は、古義人のまったくの創作だったという設定である。

古義人はこの仮構された父親像を現在でも否定しているわけではなく、「穴居人《ザ・ケイヴ・マン》」という劇団による「みずから我が涙をぬぐいたまう日」の演劇化に協力を惜しまない。その中心的な女優であるウナイコの物語と古義人の物語とは、やがて大きくクロスオーヴァーすることになるのだが、この問題はつぎの第五章で考えるとして、まずは「水死」事件である。事件の概要は古義人自身によってつぎのように回想される。

〔……〕戦争にこの国が敗れる夏の、森に嵐が吹き荒れて川が増水した、ついには洪水になった夜に、この家のある岩鼻の突端に出ればいまも見おろすことのできる、しかし立派な堤防ができて昔の川とは似ても似つかぬ、その川に父親が短艇で乗り出して水死してしまった。まずそれが大本の事実です。

この基本の事実はだれの証言によっても揺らぎはしないのだが、そのモチーフについては評価が分かれる。古義人の母親は生前に古義人の妹であるアサが収録した証言テープのなかで、「私らにわかっておるのはな、お父さんがあの日、逃げ出すことを思い立たれた……それだけです」と、逃亡説を唱えていた。

それもお父さんはな、自分が逃げ出そうとしておるのを見抜かれたと思い込まれてな、このあたりでは自分は誰にも知られておって、道路は上へ行くのも下に行くのも見張られておるから隣町の向こうへは出られんと、山伝いに出ても国道に降りれば追っ手がかかると、惧れられた。それが二日続いた大水を幸いに、短艇で川を逃げることを思い付かれた。もっとも短艇は隣町の入口の中洲に引っかかって覆えって、お父さんは水死された。

ただし父親と青年将校の決起計画そのものを証言できるのは、謀議の模様を傍聴した大黄と古義人のふたりしかいない。記憶のあいまいな古義人とちがって、大黄は脳裏にその晩の出来事を刻みつけていた。

敗戦を目前にした父親たちが計画したのは、帝都に飛行機による自爆攻撃を仕掛けることであった。「吉田浜にあった軍の飛行場から、爆弾を搭載した、自爆用の飛行機を東に向けて飛ばす。その下準備に、まず当の飛行機を吉田浜からこの森のなかの『鞘』に移して、隠しておく」、これが計画のあらすじであった。

なぜ帝都自爆攻撃なのか。新たな「王」による国家の再生を図ろうとしたのである。赤革のトランクに残された『金枝篇』のネミの森の王殺しの箇所には、傍線が引かれていた。しかし若手将校が「鞘」正面中央の大隕石を爆破し仮設飛行場をつくると言い出したとき、父親は激昂した。「おまえら他所者の足を『鞘』へ踏み入れさせてたまるか、あすこは明治の近代国家などというレヴェルの話じゃない。ずっと古い時代から大切な所だ」。「鞘」とは谷間の村の聖地であり、子孫たちが軽々に改造してよい場所ではなかった。

父親は青年将校の戦術に激怒したけれども、当の戦略の立案者の責任を全うするために、「単独の決起」を「象徴的な行為」として決意する。それは敗戦によって天皇の身に起こるであろう変事に対しての「前もっての殉死」であった。このように大黄は「水死」事件を解釈していた。

古義人自身も父親とともに短艇に乗り込む予定だったが、まごつくうちに父親が乗っただけの短艇が折からの大水に引き込まれて奔りだした。残された古義人の姿を見て母親は安堵した。一方敗戦を知って憑きものが落ちた青年将校たちは、決起は「冗談」だったと言い張った。

父親たちのこの一連の議論と行動とは、軍国イデオロギーの素朴な信奉者であった少年古義人の理解を越えていたために、かれは父親の死後、その記憶を封印した。封印された記憶の断片はしかしときおり夢のなかに出現し、古義人を困惑させた。

書き換えの意味するもの

「みずから我が涙をぬぐいたまう日」と『取り替え子（チェンジリング）』では父親がポツダム宣言受託を拒否して徹底抗戦する筋立てであり、すなわち父親は極右の国粋主義者として描かれていたのだが、『水死』では一転して帝都自爆攻撃、つまり対天皇テロ攻撃という「不敬」そのものの設定に変更された。古義人が「みずから我が涙をぬぐいたまう日」のなかの母親を大逆事件で死刑になった人物の娘として描いたのは、かれの抑圧された無意識のはたらきであったのかもしれない（『水死』のなかでは、「みずから我が涙をぬぐいたまう日」は古義人の作品として紹介される）。

しかし考えてもみよう、右翼が対天皇テロ攻撃など企図するだろうか。その可能性の萌芽を、たとえば北一輝の思想のなかに見つけることができないわけではないが、しかしその前に「君側の奸」を討つのが順番であろう。まして父親は極限的な思考をいとなむ観念的な右翼ではなく、満州帰りのかなりしたたかな右翼であったはずだ。

決起のヒントをイギリス人人類学者の書物に求めたところからしておかしい。ここは大江のブッキッシュな性癖の勇み足と見るべきかもしれないけれども、大江自身のモチーフははっきりしている。この仮構の父親を月並みな国粋主義者としてではなく、ラディカルな、あるいはハイパーな民族主義者として描きだすことで、いわば超自我としての父親像を救抜し、自身内部のバランスを調整したのである。

この父親像に格好の証言をもたらしたのが、大黄という人物である。では大黄とはだれか。名前からして日本人には見えないのだが、『取り替え子(チェンジリング)』では素性を明かされないまま、「わしら大和男子《やまとおのこ》」といった発言もあった。

『水死』でも、その履歴がはっきり語られるわけではないけれども、いくつかのヒントが散りばめられている。父親の大陸でのおそらく諜報目的の旅に付きしたがう少年大黄の写真が残されていること、その写真をめぐって古義人の妹のアサが、「大黄さんの、朝鮮か中国での生い立ちの話を聞いたらいい」と古義人に勧めていること、大黄の本名は「黄」だったが、柄が大きかったので「孤児の引揚者」としてつくられた戸籍名を大黄一郎としたこと、である。引揚者という言いかたは日本人の孤児を思わせるが、「黄」という姓は大陸の民族を示唆する。

むしろなぜこの重要人物のプロフィールを作者はヴェールに隠したままにしたのか、これこそ大きな謎である。いずれにせよ、大黄は日本内地の社会ではよそ者であり、また大黄の発言によれば、古義人の父親もまた谷間の村の出身者ではなかった。

それと並んで大事なポイントは、『取り替え子（チェンジリング）』では否定的に造型されていた大黄が、『水死』では一転して肯定的に描かれていることである。とくに半世紀遅れて「先生」（古義人の父）とおなじ「水死」のかたちで「殉死」するという結末のエピソードは、大江内部の転換を暗示しているとしか思えない。

2. 門下生米軍キャンプ襲撃

「武装抵抗一件もなしに講和が発効してはならん」

前節からペンディングになっていた吾良（伊丹十三に擬せられる）と古義人が「アレ」と符丁で呼ぶ事件、およびその前段となった大黄による占領期の決起計画について、この節では考えていきたい。テクストはふたたび『取り替え子（チェンジリング）』である。

古義人は、いつの間にかアレと呼んでいる――吾良もそうだった――共通に体験した出来事を、敗戦の翌日、父親の「蹶起」に従って行ったことに並ぶ、自分の人生の主要な事件としてきた。

古義人がこれだけ重大視する「アレ」の前段になる事件が、大黄による米軍キャンプ襲撃計画であった。一九五二（昭和二十七）年四月二十八日午後十時三十分に、対日講和条約は発効しようとしていた。大黄にとってそれはなにを意味したか。占領の全期間を通して、日本人による米軍キャンプへの武装抵抗行動が一件もなしに、占領が終わるということであった。そして占領期間を象徴するものとして、マッカーサーと天皇が並んだ一枚の写真が残される。これほど屈辱的な事態があろうか。以下は大黄が計画のモチーフを語った場面である。


　いっぺん話したことやけども、わしらはな、この国が歴史で初めて占領されるという時に、日本国民の武装抵抗一件もなしに講和が発効してはならん、と決心したわけなのや。だからというてな、警察制度の完備したこの国で、武装集団を作ることはできんですよ。もしできるならばな、いままで誰もやらんかったはずがありますか？　それで次善の方法を考え出したわけやね。わしら十名が、壊れておっても見た目にはわからん自動小銃を構えてやね、キャンプの正面から突入しますわな。わしらは米兵の一斉射撃で全滅しますよ。

　それでもわしらが玉砕した後で、攻撃は故障した銃によったものや、と射殺されたのは実質的に非武装の日本人やとわかったならば（進駐軍がそれを公表せんかったとしても、錬成道場の生き残りが情宣活動をやりますよ。その時には進駐軍の検閲はもうのうなっておるわけや！）こういう日本でも、国民規模の大きい怒りが湧き起ころうやないですか？　わしらはそれが、講和発効後のこの国の命運を定めると信じますわ！　わしらのこれまで積み上げてきた思想ですから！

　そしてこれはな、長江先生がやっぱり非武装で銀行を襲撃して、撃ち殺されはった思想につうじるのやないですか？　わしは若い者らにな、ヒトを殺せ、と教えて来たのやないですよ。ヒトに殺されて、日本人から失なわれた国家思想をよみがえらせよ。こういうてきたんですわ！

右翼思想として見ればかなりの説得力をもつ。「戦後民主主義者」大江健三郎に発想できたことが、なぜ現実のひとりの右翼にも思いつかれなかったのか。心ならずもアメリカを支持せざるを得ない反共イデオロギーに邪魔されていたからとしか思えない。

「アレ」の正体

大黄は講和発効前に、松山郊外の米軍キャンプを襲撃する計画を立てた。その武器調達のために、古義人と吾良が松山のアメリカ文化センターで知り合った米人語学将校ピーターを利用することを思いついた。ピーターが懸想する美少年吾良を餌にして、朝鮮戦争で壊れた自動小銃を、米軍基地から森の錬成道場に運びこませることにしたのである。

その当日、事のなりゆきに不安を感じた古義人は、結末を見届けないまま森から必死の思いで逃げ帰り、吾良もやがて帰還した。しかしその間になにがあったのか、謎に包まれたまま物語は進行する。たしかなことは、講和発効前に襲撃事件のニュースはなかったということだけであった。

ピーターは銃を奪われたあと殺されたのではないかという懸念が古義人のトラウマとなり、吾良とのあいだでタブーとなった事件は、「アレ」という符丁で呼ばれるようになった。『取り替え子（チェンジリング）』につづく『憂い顔の童子』のなかでも、古義人によって「アレ」が回想され、さらに

『さようなら、私の本よ！』では、「ピーターは車で運んで来た故障している武器を道場の連中に奪われて、殺された。少年ら二人は、その罪悪感に苦しんで生きてきた」、と要約されていた。

この思わせぶりの「アレ」についても、『水死』でいちおうの決着が見られる。大黄たち錬成道場の面々は、ピーターから廃銃を受け取り戦闘訓練に使った。それが一部始終であった。ピーターは殺されなどしなかったし、大黄たちにもはじめからキャンプ襲撃のつもりはなかった。古義人が計画を信じて錬成道場にふたたび訪ねてきたならば、「長江先生」の遺児である古義人を錬成道場の頭領に仰ぐというもくろみがあっただけであった。

なんとも腰砕けの結末であるが、大黄自身は作品の最後に、「長江先生」に殉死するかたちで「水死」を遂げる。このエピソードはもうひとつの大事なテーマとかかわるのでつぎの第五章にまわして、ここでは大黄が語った古義人に対する精神分析を紹介しておきたい。

> 古義人さんは十五年前、自分は戦後民主主義者で、天皇様のご褒美は受けられないといわれたことから〔文化勲章辞退を指す――引用者〕、わしの錬成道場の若い者らの、不倶戴天の敵となりました。スッポンを使うての悪ふざけは、かれらにとって単なる気晴しやなかったんです。しかしわしはね、長江古義人には「時代の精神」として「昭和の精神」が二つあるという考えです。古義人さんが生きた昭和時代の前半、つまり一九四五年までの「昭和の精神」は、それ以後の民主主義の「昭和の精神」がそうであるように、やはりあなたにとって真実やったのやと思います。
>
> 前半の「昭和の精神」の申し子の十歳の少年が、尊敬しておる父親の口から、「現人神の天皇」を

特攻機乗りとして訓練された兵士が自爆攻撃する、「現人神を殺す」という作戦の構想が出て来る時、それをたやすく受け入れられると思いますか？　古義人少年の意識はそれを聴きとることを拒否したんです。そしてかれの無意識の中には「鞘」から若者が飛行機で飛び立つ訓練をする……話のその情景だけが消されずに残ったんです。古義人さん、それがあなたの永年見続けられてる夢の内容ですよ。

大江がまさか作品のなかで右翼と手打ちをしたはずはなかろう。だとすると、大江健三郎は長江古義人に仮託してみずからの右翼的記憶を成仏させるという手の込んだ仕掛けをつくり、オピニオンリーダー大江健三郎の純粋性を確保したのではないだろうか。そのために大江の文学世界はたしかに豊かに深くなったけれども、オピニオンの射程は逆に狭く固定されてしまったのである。

第Ⅰ部のまとめ　戦争は父母や祖父母たちが必死の思いで闘った出来事である

戦後日本のある時期から、戦争体験が良心的に語られようとすると、『夏の庭』のようなソフトなかたちから、『中国の旅』のようなハードなかたちにいたるまで、日本軍の犯した「残虐行為」にまずスポットが当てられた。この「残虐行為」に対して、きわめて感情的な謝罪からきわめて通り一遍の謝罪にいたる、さまざまな謝罪が繰り返されてきた。私はかつて中国人の友人から、もうたんなる謝罪の繰り返しはやめたらどうかといわれたことがある。

「残虐行為」だけが際立たされたのは、戦争のなかのコンテクスト（行為と行為のあいだのつながりとその背景）を無視した語りかたに原因があった。「残虐行為」が「残虐行為」としてそこだけ切り出されても、それは狂気の一見本でしかない。

日本の兵隊たちは連日、狂人でありつづけたのか。あるいは幕が変わるごとに、日本兵士は狂気と正気とのあいだを揺れ動いたのか。その狂気のなかから帰還しながら、復員兵はなんの心的外傷もないどころか、嬉々として戦友会に出向いたのか。「おなじ釜の飯」というのは、共犯者の符牒のようなものだったのか。

狂気に憑かれたひとは、狂気と正気とのあいだを自在にコントロールすることはできない。戦場という異常な場において、一瞬の狂気に取り憑かれることはあるだろう。しかし取り憑かれつづければ、正気の世界に生還することはきわめて困難であるはずだ。

かれらは戦場を狂気で生きたのではなく、火野葦平が描いたように、戦争の日常を生きたのである。「残虐行為」が行なわれたときも、それは狂気のうちに行なわれたのではなく（そういう例ももちろんあるだろうが）、戦争のなかで出来上がった日常のなかで遂行されたのである。その日常が銃後や戦後の日常とことなるのはいうまでもないが、「日常」であることに変わりはない。

戦時の日常のコード（行為の文法）は、平時の日常のコードとどのようにことなるのか。戦場での行為それ自体ではなく、その行為が即しているこのコードの分析のなかから、戦争で闘うとはどういうことであるのかが、理解できるのではないだろうか。

捕虜の「処置」も民間人の殺戮も、戦場のなかの突発的な狂気が行なわせた行為ではない。敵地を行軍するうちに、ある時は戦友の敵討ちのために、ある時は恐怖にとらわれて、またある時はやむを得ずに遂行され、それが次第に日常化し、コードと化したのである。

そうなれば、気の弱い兵隊も淡々と処理できる事柄となり、兵隊の強姦をガス抜きのために黙認した小隊長も、「話のわかる」、「いい」隊長だと評価されたのである。内容を捨象して構造だけを取り出せば、いまの日本の企業で日々行なわれていることとそんなにかけ離れたことではない。

このコードを背後から支えているのが、コンテクストである。軍部指導者はなぜ日中戦争に突入し、泥沼の戦いを続けたのか。なぜ日米戦争にまで突入しなければならなかったのか。多くの民衆はなぜその戦争を支持し、協力し、献身的に戦ったのか。たんに瞞着されていただけではなかったはずだ。ここには幕末以来の、米欧列強に追い詰められたナショナルな心情が渦巻いていた（当時の日本国民にはアメリカの巧みな対中支援もその延長と意識された）。

これらの問題に、戦後の眼で眺めた事後的な分析ではなく、同時代の当事者たちの主観的な事実の内側から迫らないかぎり、私たちは戦争を理解することも、戦争を批判することも、戦争責任を引き受けることもできないだろう。また非戦の思想を打ち立てることもできないのである。悲惨な体験と憲法九条を結びつけただけの護憲論は柔弱きわまりない。

このような同時代のコードとコンテクストを踏まえてはじめて、少なからざる兵隊が戦場のなかの日常のひとこまとして犯した「残虐行為」の総体が理解され得るだろう。戦争とは狂気による残虐行為の連鎖ではないのだ。

おなじ問題のもうひとつの側面として、戦争を闘ったのはだれだったのかということがある。従軍したのは、ほかでもない、私たちの祖父であり父親であった。銃後で支えたのは、祖母であり母親であった。にもかかわらず、戦後の戦争批判の言説は、戦争当事者であるかれらの外部からのまなざしによって形成された。すなわち被侵略者の立場から、または軍隊内の被害者として特化された兵士の立場から、あるいは空間的にも時間的にもまったく外側の抽象的な立場から、戦争批判は行なわれた。戦争を闘った日本民衆の内側から出発し、他者である被侵略者のまなざしをも内在化しつつ、同時代の日本人に可能であった歴史的な選択肢をひとつひとつ検討するなかからしか、リアルな戦争批判の思想は生み出されないのである。

しかし戦後の戦争批判の言説の多くは、あたかもそのとき自分は日本人ではなかったかのような、あるいは戦時体制に抵抗し、ささやかなかたちで反戦の志を貫いていたかのようなポジションからなされた。それが「悔恨共同体」の切実な思いに貫かれていたとしても、思想的な射程は短くならざるを得なかった。

たとえば丸山眞男から見れば、火野葦平など批判力ゼロの馬鹿丸出しだったかもしれない。しかし火野の掬いあげた民衆のエートスをただ否定的なものと捨て去るのではなく、十分に汲みあげたうえで議論を立てていれば、丸山の思想はさらに懐の深い思想になり得たのではなかっただろうか。吉本隆明が指摘した、戦前左翼の大衆の社会意識からの乖離は、残念ながら戦争後においても踏襲されたのであった。

大西巨人の『神聖喜劇』のなかでは、知識人の世界観（大西自身の世界観はかなり古典的な唯物史観ではあるが）と民衆の土着的な世界観との協同が試みられ、両者のダイナミックな共闘が描かれはしたが、大江健三郎の社会的発言と小説との分裂に見られるように、ほんらい民衆と知識人両者の視点から総合的に語られるべき戦争というテーマは、おおむね分解したまま、今日にいたっている。

大江は小説作品のなかでは、戦争を闘った民族主義者の意識に内在し、それらの人物像をかなり見事に造型した。その大江が社会的なメッセージにおいても、保守的な心情の持ち主たちにも届くような言葉を発していれば（かれらに寄り添うということではむろんなく、かれらも認めざるを得ないコードで語っていれば、ということだ）、かれの非戦思想はより普遍的なレヴェルで、より広範な支持を得られたはずなのである。

しかし残念ながら戦後思想は、認識と倫理の両面にわたって、戦争を語ることに何度も失敗してきた。事実問題はかなりの程度まで科学的な検証が可能である。しかしその事実を語る語りかたは、戦争責任をめぐる国民的な合意の成否を左右する思想的な課題である。

私たちの「戦後」はいまだに終わっていない。この失敗は第二の失敗、すなわち国家の語りかたの失敗へとバトンを渡したのである。

第Ⅱ部　「国家」の語りかた

第五章　大日本帝国V.S.「村＝国家＝小宇宙」　大江健三郎の「国家」

1．一九六一年の一揆

二度目は笑劇！

大学紛争の高揚を背景に、大江健三郎の『万延元年のフットボール』（一九六七年）は学生を中心にした多くの読者を獲得し、いまでも代表作のひとつに数えられる。政府の主導する「明治百年」キャンペーンに対抗するように、大江はこの作品のなかで、みずからの出自の谷間の村を舞台に日本近代百年の歴史の語りなおしに挑戦した。

作品の語り手は翻訳家の「根所蜜三郎」。小学生の集団に石を投げつけられて片目を失明、障害児として生まれた初めての子どもを施設に預け、それが原因で妻はアル中になった。友人が頭を朱に塗り肛門に胡瓜を挿し込んで縊死した事件をきっかけに、大学専任講師の職をも辞し、内に籠った性向を深めていた。

弟の「根所鷹四」は六〇年安保闘争に挫折、「革新政党の右派の婦人議員」が引率する学生劇団のメンバーとして渡米し、『われら自身の恥辱』と題する転向劇を上演するとともに、大統領訪日阻止の実力行動をアメリカ国民に詫びるという屈辱的な旅をつづけていた。だがそれからも途中で離脱し、アメリカ各地を放浪した末に帰国する。兄にくらべて行動的な人物として描かれる。

その「鷹」の提案で、かれとその親衛隊の男女二人、「蜜」とその妻、計五人が四国山中にある兄弟の故郷へ移住することになった。村の名家である根所家の屋敷を守っていたのは、かつての使用人でありいまは大食病の巨体となったジンという女の家族であった。死に向かって貪食を繰り返すジンの行動は、崩壊し秩序を失う村落共同体を逆説的に象徴しているかのようだ。

根所一族には忘れがたい歴史が刻印されていた。かれらの曾祖父の「弟」にあたる青年は万延元（一八六〇）年の一揆の指導者であったが、一揆終結後に処罰を逃れて藩外へ逃亡した。この「弟」の事跡は、「蜜」「鷹」ふたりのアイデンティティに重要な意味をもたらした。またふたりにとっての次兄にあたる「S兄さん」は予科練出身、復員後、急速に勢力を伸ばす朝鮮人部落の襲撃に加わったものの逆に撲殺された。

これらの青年の栄光と悲惨の記憶に強く影響された「鷹」は帰郷後、疲弊する村の若者たちを集めてフットボールチームを結成、かれらを中核にして万延元年から百年後の一揆を計画する。やがて「鷹」に率いられた若者たちは村を経済的に支配するスーパー・マーケットを襲撃、村人を煽動して略奪を繰り返し、いっときの無政府状態を現出させた。その祝祭的な気分のなかで、伝統の念仏踊りも復活した。

しかし暴動が収まると、村人にも後悔の色が現われる。そこへ村娘が強姦殺人されるという事件が起こり、自分の犯行であると主張した「鷹」は、「蜜」に自白内容の矛盾を突かれたにもかかわらず、猟銃自殺する。「鷹」はかつて精神障害のある妹と性的関係を持続したあげく、その妹を自殺に追い込んだという罪責感からついに逃れられなかったのであった。

襲撃されたスーパーの経営者は村の朝鮮人部落の出身、戦後の闇商売で一旗あげ、いまや「スーパー・マーケットの天皇」と呼ばれるほどの勢力を誇っていた。かれは暴動が鎮静した村を訪れ、「蜜」に会い、「鷹」が生前に独断で売却契約していた根所家の家屋敷明け渡しの交渉に入った。その予備調査のなかで、倉屋敷の地下に隠れ部屋が発見され、万延元年の一揆で逃亡したはずの「弟」が、終生そこに潜んでいた事実が判明する。かれは自己処罰のためみずからを幽閉し、孤独なウォッチャーとして明治の民権運動を見守っていたのであった。こうして「弟」の名誉は回復される。「蜜」は施設から障害のあるわが子を引き取り、死んだ「鷹」の子を身ごもっていた妻とともに、再出発する決意を固める。また「鷹」も復活した念仏踊りの「御霊」のひとりに加えられることで、かれの運動は村の記憶にとどめられた。ひと筋の光が差し込むフィナーレであった。

疑問は尽きない

以上が『万延元年のフットボール』のあらすじである。「鷹」の人物像がその後、『懐かしい年への手紙』（一九八七年）の主人公「ギー兄さん」に引き継がれたことからもわかるように、作者は「鷹」を肯定的な人物像として描き出した。「鷹」に否定的な焼印をつぎつぎに押しつけていたのは、最終的に肯定するための試練にすぎなかったのだろうか。

それでも疑問は尽きない。安保闘争に挫折したからといって、なぜ「鷹」はアメリカにわざわざ出向いてまで、転向劇を演じる一員とならなければいけなかったのか。自己処罰だとしても、その方法は他にいくらでもあったはずだ。一揆を指導した「弟」と、安保闘争に挫折した「鷹」とは、けっして二重写しにはならない。安保闘争敗北後、フルブライト留学生としてアメリカに渡った全学連主流派幹部たちのパロディだとでも思いたくなる。

また万延元年の一揆と安保後のスーパー襲撃とが重ねあわされるのも不可解ならば、後者と安保闘争が関連づけられるのも理解に苦しむ。「白升基《ペクスンギ》」と名乗るスーパー経営者の風貌と態度は金日成将軍を髣髴させるので、北朝鮮に対する精神的敗北をあるいは象徴させたつもりでもあったのだろうか（当時、北朝鮮は左翼のあいだでは輝かしいイメージをもっていた）。

総体としては読者をどんどん引きずりこむ魅力に富んだ作品であるだけに、重要なところでのどうにも納得できない部分が疑念として残る。しかし小「天皇」に対する暴動にこだわりつづけるよりは、天皇制国家との対決がいかに描かれたかを、本書では問題にすべきだろう。『同時代ゲーム』である。

2. 「天皇」に「不順国神」が挑戦する！

兄から妹への手紙

『同時代ゲーム』（一九七九年）はタイトルの魅力も手伝ってよく知られた作品ではあるが、読みにくさ、展開の辿りにくさといった難点のためか、初期の短篇群あるいは中期の『万延元年のフットボール』や『個人的な体験』などにくらべて、評判も芳しくない。だが大江の最重要作品のひとつであることはまちがいなく、「国家」というテーマを考えるに際しては格好のテクストを提供する。

『万延元年のフットボール』につづいてこの作品も、「谷間の村」のトポス（場所がもたらす意味）を対象とした物語であり、前者が近代日本の歴史に焦点をあてていたのに対して、本作品は村の創成から現在にいたる神話と歴史の総体をあつかうだけでなく、それを語る語りかたをも問題とする。

作品は、村出身の歴史学者である双子の兄（「露己《つゆき》」＝「僕」）が、双子の妹（「露巳《つゆみ》」）に宛てて書いた六通の手紙から構成される。第一通は滞在中のメキシコ・シティから、二通め以降は帰国後の東京から発信された。

村の神主であるふたりの父親は、兄の「僕」にはいずれ「村＝国家＝小宇宙」（語り手はかならずこのように表記する）の神話と歴史の書き手となるよう、その伝承を叩き込み、妹には「村＝国家＝小宇宙」の創建者である「壊す人」の巫女になるように育ててあげた。

妹は性的にも社会的にも奔放な生活を送ったあげく、追手を逃れるかのように村の家に帰還し、いまは犬ほどの大きさに再生した「壊す人」を愛しみ育てている。学生時代には革命党派の鉄パイプ爆弾製造責任者であった「僕」は、その後研究者の道に転じ、日本の歴史を講義するためにメキシコ・シティに赴任した。その地ではじめて、父の要請に従って「村＝国家＝小宇宙」の神話と歴史をまとめる意欲がわきあがり、それを妹への手紙というかたちで着手したのであった。

ふたりの父親は村の三島神社の神主であるとはいえ、かれの代に神主として赴任したよそ者であり、そのまた父親はロシア人とのハーフであった。「村＝国家＝小宇宙」にとって外部の人間であるばかりか、民族的にも周縁に位置する存在であった。「僕」たち兄妹も、「父＝神主」が正式の妻とはしなかった放浪芸人の子であるから、「村＝国家＝小宇宙」の伝承と伝統とは、その境界上を生きてきた者によって引き継がれたことに、注意しておかなければならない。

また五通めまでの手紙は、六通めに取り掛かる前に、「父＝神主」の遺品として「僕」に送り返されてきたものである。そこには、父が読み検閲した痕が残されていたけれども、妹に届いていた証跡は見当たらなかった。

「村＝国家＝小宇宙」の神話と歴史

それでは「僕」によって語られた神話と歴史を検討してみよう。輻輳する作品のプロットを無視して、「村＝国家＝小宇宙」の創成から現在までを時間軸に沿って整理すると、おおむね以下のような筋道になる。

四国の瀬戸内海に面する小藩を追放された若き武士集団が、ひとりのリーダーに率いられて川を南に遡り、行く手をさえぎる大岩塊にぶつかった。リーダーはこの大岩塊を火薬で爆破し、上流の沼地を干拓して村を創建した。リーダーはこの故事に基づき、「壊す人」の呼び名で伝承される（作中かならずゴシックで表記）。「壊す人」は次第に巨大化し百歳を越えて生きたが、この「不死の人」を疎ましく思う村人たちによって殺害され、切り分けられた肉は村人たちに共食された。しかし「壊す人」の神話的な力は死と再生を繰り返し、いまも語り手の「妹」のふところで育てられている。「壊す人」の死後、その妻であった「オシコメ」という異貌の女の指示にしたがい、若者たちは停滞した村を再生するために、住民の「住みかえ」と「総放火」を強要した。こうして「復古」を果したオシコメは、さらに大岩塊の再建という究極の復古事業を提案したが受け入れられず、失脚し幽閉される。「壊す人」と「オシコメ」のペアに有史以前の神話的形象を思い描いてもいいし、長征の毛沢東と文革の江青をイメージするのも勝手だろう。「オシコメ」幽閉のあと、合議制による「自由時代」が訪れた。外部世界との交通を極力断ち小さな独立を保ってきた村ではあったが、幕末騒擾のなかで隣藩の尊攘志士など外部の人間が侵入、その地の存在が外部の知るところとなった。

幕末に勃発した一揆のリーダーとなった「亀井銘助」は、トリックスターとして縦横無尽の活躍をしたもののついに獄死、村も旧藩の体制に組み込まれて、「自由時代」は終息する。「銘助母」は銘助の最期に、「大丈夫、大丈夫、殺されてもなあ、わたしがまたすぐに生んであげるよ！」と宣言、言葉どおり銘助母は一年後に男子を出産、さらに六年後にこの男子は「銘助さん」の生まれ替りとして、明治の「血税一揆」に重要な役割を果した。

その後も村は明治国家に対する抵抗を維持し、生まれた子ども二人を対にして一人の戸籍に登録するという、二重戸籍の制度を捏造した。すなわち村のほぼ半数は、戸籍の上では存在しない人口であった（税や徴兵を免れる）。昭和の初期にこの二重戸籍が露見し、村と大日本帝国とは五十日間に及ぶ戦闘を繰り広げたが、村は抵抗空しく敗北する（「五十日戦争」）。ほぼ半数の戸籍未登録の村民が処刑されたあと、「無名大尉」と呼ばれた大日本帝国軍隊の中隊長はみずからも縊死する。軍事的な勝利者がすべての面での勝利者ではなかった。

「不順国神」、「不逞日人」

この戦いのなかで住民軍は「不順《まつろわぬ》 国神《くにつかみ》」、「不逞日人《ふていにちじん》」というスローガンを掲げた。「不順《まつろわぬ》 国神《くにつかみ》」とは、「天津神」すなわち大和朝廷に対する不順の意思であり、「不逞日人《ふていにちじん》」とは、関東大震災の折に在日朝鮮人に対して貼られた「不逞鮮人」というレッテルにみずからをなぞらえた抵抗のしるしであった。

「村＝国家＝小宇宙」と大日本帝国とのあいだに繰り広げられた「五十日戦争」は、たんに武力戦であるだけでなく、天皇制＝国家神道に対する、それとは出自の異なる神話と歴史を生きるひとびととの、観念の戦いでもあった。そして「僕」たち双子は、「五十日戦争」敗戦後はじめて生まれた村の子どもであった。

太平洋戦争開戦三年目、軍国主義イデオロギーを体現して赴任した国民学校校長による三島神社全校参拝の折に、「父＝神主」は「国神《くにつかみ》」の扮装で出迎えた。これをきっかけにふたりのあいだに抗争が勃発する。「父＝神主」は特高による厳しい取調べのはてに、かれを支援した「アポ爺」「ペリ爺」という、谷間に疎開するリベラルな双子の天体力学者を裏切った。「村＝国家＝小宇宙」の神話にあくまでこだわる「父＝神主」と、リベラルな立場から「村＝国家＝小宇宙」の原理によって、天皇制イデオロギーを相対化する戦略を選んだふたりとのあいだの齟齬が、裏切りの一因であったかもしれない。

そもそも「僕」が「村＝国家＝小宇宙」と表記するのは、「アポ爺」「ペリ爺」のふたりがこの村の独自性に注目して、村であり国家であり小宇宙であると規定したことに由来していた。「アポ爺」「ペリ爺」のふたりに対する父親の裏切りに大きな衝撃を受けた「僕」が森に分け入り、「大猿」たちのミイラが化石化した岩場を通り抜ける恐怖のなかで、こう叫ぶ場面がある。作品最後の重要なシーンだ。

ああ、「大猿」ども！　僕は壊す人や創建者らの血をひいている子供ではない。僕は他所者《よそもの》の三島神社神主と、秋祭に踊りに来た旅芸人との間に生れた。確かにこの谷間で生れたが、そこで生きてきた人間の血をひいてはいない！　「大猿」どもよ、昔おまえらをみな殺しにした者らとは血のつながりがない！

「大猿」とは、「壊す人」たちが大岩塊を爆破して侵入した地の先住民、柳田國男のいう「山人」たちでもあっただろうか。「村＝国家＝小宇宙」もまた、「不順国神」いわば「不逞大猿」を侵略することによって建国された領土なのであった。作品は天皇制国家に対する「村＝国家＝小宇宙」をたんに聖化して描きはしなかったのである。

「共同幻想」に対するに「共同幻想」で勝負はつくのか？

『同時代ゲーム』のなかに、「ツユトメサン」という「僕」たちふたりの弟が脇役として登場する。この弟を評して「僕」は、「村＝国家＝小宇宙の共同幻想にひたりつつ育ったもの」と表現した。「僕」はごく自然に、あるいは不用意に吉本隆明の「共同幻想」というタームを使っていた。

吉本の『共同幻想論』が刊行された一九六八年は大学紛争がもっとも激化した年であり、この書物は既成の国家論に飽き足らなさを感じていた学生たちに競って読まれた。すでに革命党派の爆弾づくりから足を洗い、アカデミストの道を歩みはじめていた「僕」もまた、この本を手にとったものと思われる。ただしこの一箇所を除いてどこにも吉本の痕跡は見当たらないから、聞きかじりにすぎなかったのかもしれない。

『共同幻想論』に踵を接するように、吉本は何本かの天皇論を書いている。そのモチーフをひとことでいえば、いかに天皇制を「無化」するかということであった。ではなぜ「打倒」ではなく「無化」であり、どのようなプロセスを経て「無化」し得るのか。

吉本によれば天皇（制）は当然政治権力ではあるが、その本質は宗教的な威力にあった。だから天皇制を政治的にただ打倒したとしても、その核心は無傷で残される。「打倒」ではなく「無化」でなければならない所以である。われわれを呪縛するこの内なる天皇制は、天皇制の千数百年の歴史に、天皇以前の数千年にわたる日本人の精神生活を対置することによって、たとえば時間的に天皇制以前にまで遡り得る南島の宗教祭儀を対置することによってはじめて相対化され、ひいては「無化」され得ると吉本は考えた。

吉本の「共同幻想」論と天皇論とはつぎの第六章であらためて論じるつもりだが、ここでは「村＝国家＝小宇宙」と天皇制国家との戦いであった「五十日戦争」にしぼって、この問題を考えてみたい。天皇制国家に戦いを挑んだ「村＝国家＝小宇宙」の歴史は三百年にも満たない。吉本の発想からすれば、大江の戦略ははじめからつまずいていたことになるのだろうか、あるいは時間の多寡は本質的な問題ではないのだろうか。

「五十日戦争」は緒戦の勝利こそあったものの、あえなく五十日で敗北した。最後に「叛乱軍」が無条件降伏を申し出たのは、帝国陸軍の中隊長であった「無名大尉」が原生林への放火を実行しようとしたからであった。勝利した「無名大尉」は戸籍をもたぬ村民たちの首を吊って処刑したあと、みずからも首をくくって死んだ。これは前述したように、軍事的勝利の裏に秘された、ある種の精神的な敗北を象徴していたかもしれない。そうだとすれば、「南島」のような時間軸上の特権的なトポスをもちださなくとも、天皇制国家幻想を「無化」する可能性を確保できるということだ。

だがほんとうに「村＝国家＝小宇宙」であれ南島であれ、その神話と歴史とによって、天皇制のイデオロギー体系を無化できるのだろうか。共同幻想に対するに共同幻想で勝負はつくのだろうか。これは第六章の課題である。

3．国家にテロル、またしても！

「男は強姦する、国家は強姦する」

ここでもう一度、第四章で取り上げた大江の最近作『水死』に戻り、大江の国家観を検討してみよう。四章ではおもにこの小説の第一部「水死小説」をテクストに、古義人の父親による帝都自爆攻撃とその挫折が結果した父親の「水死」について考えてみた。ここでは第二部「女たちが優位に立つ」、第三部「こんな切れっぱしでわたしはわたしの崩壊を支えてきた」をテクストにして、本作品のもうひとつの柱をなす女優ウナイコの物語のなかに、大江がいかなる国家観を描き出しているのか、そのことを見ていきたい。

ウナイコを一員とする「穴居人《ザ・ケイヴ・マン》」は、観客席から死んだ犬のつくりものを舞台に投げつけることで、舞台と観客席を一体化する手法の芝居を売りものにしていた。そのかれらがこの「死んだ犬を投げる」芝居の手法で、古義人がかつて書いた映画シナリオ『メイスケ母出陣』を上演することを企画した。映画『メイスケ母出陣』の話は、大江の（ということは古義人の）前作『臈たしアナベル・リイ総毛立ちつ身まかりつ』（文庫版では『美しいアナベル・リイ』と改題）で取り上げられたエピソードである。

主人公である作家はまだ若い頃に、東大駒場時代の同級生であった映画プロデューサーに依頼され、シナリオを書いたことがあった。それはドイツの作家クライスト生誕二百年を記念して、クライスト原作の『ミヒャエル・コールハースの運命』という中世復讐譚を世界各国で映画化して競作するという、国際的な大企画であった。

作家はこのドイツ中世民衆の物語を、自身の故郷の村に伝承された幕末・明治の一揆の物語に翻案してシナリオ化するという構想を立てた。この素材こそ、『同時代ゲーム』に描かれていた亀井銘助とその母親の物語である。

ただしこの着想は作家のオリジナルではない。作家の祖母と母親が敗戦直後にこの伝説の演劇化をプロデュースし、村の芝居小屋で村の女たち自身によって上演されたことがあったからだ。しかもその芝居の主人公は、一揆の政治的指導者である「メイスケさん」ではなく、「メイスケ母」という聖母的指導者・犠牲者であった。

作家が参画したクライスト記念映画において「メイスケ母」を演じる「サクラさん」は、戦災でみなし子となった少女時代に占領軍の軍人に庇護され、映画の子役として人気を博した経歴があった。その後その軍人と結婚し、やがて日本文学研究者となる夫についてアメリカに渡り、国際女優として活躍していた。

作家は高校時代に松山のアメリカ文化センターで、ポーの詩をモチーフにした八ミリ映画を鑑賞したことがあった。そこで「アナベル・リイ」に扮していたのが少女時代のサクラさんであり、作家はその姿に強くひかれるとともに、不吉な印象を受けた記憶があった。この不吉な印象を裏付けるように、サクラさんは庇護者でありその映画撮影者でもあった軍人に薬を飲まされ凌辱された暗い過去を負っていたこと、それが彼女の無意識のトラウマとなっていたことが、作品のなかで次第に明らかにされる。

映画製作はしかしスタッフのスキャンダラスな事件からあえなく挫折し、サクラさんをめぐる衝突をきっかけに、作家はプロデューサーとも絶縁した。

しかし三十年の時を経て、プロデューサーは再度の映画化を作家に持ちかける。今度は作家の故郷の谷間の舞台を再現し、そこでサクラさんが演じる芝居を軸に映画化しようという趣向であった。作家は承諾し仕事に着手する。

以上が『臈たしアナベル・リイ総毛立ちつ身まかりつ』のあらすじである。ウナイコは古義人がこのとき書いたシナリオ『メイスケ母出陣』をもとに、『メイスケ母出陣と受難』と題する「死んだ犬を投げる」ひとり芝居を計画したのであった。映画で主演したサクラさんに暗い過去があったように、ウナイコもまたかつて、文部省の幹部であった伯父に強姦され堕胎させられた暗い履歴を負っていた。ウナイコはこの自分の出来事と、メイスケ母の「受難」とを重ねて舞台で表現するという、悲壮な意欲を抱いていたのである。

映画では、戦闘準備を整えた農婦たちに囲まれたメイスケ母が、有名な出陣の「口説き」を歌う場面がクライマックス・シーンとなっていた。

ハ　エンヤーコラヤ
ドッコイ　ジャンジャンコーラヤ

一揆に出ましょうや
わたしら女が　一揆に出ましょうや
だまされるな、だまされるな！
ハ　エンヤーコラヤ
ドッコイ　ジャンジャンコーラヤ

やがて女たちの歌声が口説きにつらなり、踊り、そして踊りつつ出陣する。フィナーレでは一揆に勝利した次第をメイスケ母が再度歌いあげ、「メイスケさんの生まれ替り」を乗せた馬を曳いて、木立に見え隠れする急な坂道を上って家路に着く。バックにベートーヴェンの最後のピアノソナタの第二楽章が奏でられるさなかに、悲痛な女の叫び声が起こり、画面にはエンドマークが現われる。

映画では暗示されただけのこの場面を、ウナイコは舞台ではっきり表現することが必要であると考えた。「わたしは、遠くから聞こえて来る叫び声によってじゃなく、悲惨の実態を自分の肉体によって演じたい！」。

このときメイスケ母は旧藩の身分を失った若侍たちに輪姦され、「メイスケさんの生まれ替り」は石子詰めにされたのであった。古義人のオリジナルシナリオにもあったこの場面をウナイコは芝居として復活させ、さらに口説きの文句にあたらしいフレーズを書き加えた。

ハ　エンヤーコラヤ

ドッコイ　ジャンジャンコーラヤ
一揆に出ましょうや
わたしら女が　一揆に出ましょうや
男は強姦する、国家は強姦する
わたしら女が　一揆に出ましょうや
だまされるな、だまされるな！
ハ　エンヤーコラヤ
ドッコイ　ジャンジャンコーラヤ

このとき舞台には、「メイスケさんの生まれ替り」の御霊の縫いぐるみを飛び廻らせる手はずであった。まさしく「死んだ犬を投げる」芝居である。さらにメイスケ母の扮装を脱ぎ捨て平服に戻ったウナイコが、「十七歳の娘が強姦されたこと、強姦した男はこの国の教育の、現にある柱は自分が建てたと自伝に書いてる人物で、その夫人は、国の教育を守るためにと、娘に堕胎を強制したこと」を、その娘の物の怪に取り憑かれたままに語るつもりであった。

これを察知した伯父は、ウナイコや古義人の息子のアカリさんたちを拉致して、上演内容の変更を迫った。しかし最後に伯父は錬成道場の大黄によって銃殺され、大黄は豪雨のなかを走り去る。その後の大黄の姿を古義人はつぎのように想像する。

しかし、森歩きの古強者大黄さんは、注意深く突き進んで、決して倒れないだろう。錬成道場の真上の森は、本町区域を迂回して、谷間の森につながっている。大黄さんは歩き続け、夜明け近くには追跡の警官隊に追いつかれる心配のない場所に到っていただろう。それからは樹木のもっとも濃い葉叢のたたえている雨水に顔を突っ込んで、立ったまま水死するだけだ。

古義人に最後は加担し、敗戦後に水死した「先生」（古義人の父親）とおなじかたちで後追いしたひとりの民族主義者の姿が、ここに想い描かれている。古義人自身も、国粋主義者であった父親の最期を小説化するという年来の計画をもっていた。つまり父親的なもの、大黄的なもの、そして軍国少年古義人的なもの、これらをここで作者ははっきりと救済し、その逝き所をあたえているのであった。

しかしその一方で、きわめて肯定的な登場人物ウナイコに、「男は強姦する、国家は強姦する」の一節を歌い上げさせる。男＝国家＝権力＝強姦という図式の提示だが、あまりにもお粗末な反権力主義だといわざるを得ない。大江最後の長篇小説かもしれない作品のこの結末の破綻は、この稀有な資質をもった作家の、きわめて幼稚な反権力主義を露呈しているのではないだろうか。ダメ押しとしてもうひとり、悪辣な老人テロリストの例を見ておこう。

老人テロリストの冒険

ここからは、長江古義人を主人公にしたレイト・ワークの第二作『憂い顔の童子』（二〇〇二年）の話である。

古義人は母親の死後、息子のアカリを連れて故郷の四国山中の森に移住する。日本文学研究者で、古義人についてのモノグラフを計画中のアメリカ人女性「ローズさん」も、同居することになった。妻の千樫は、兄・吾良の晩年の愛人であった若い日本女性の出産（吾良の子ではない）と育児とを手助けするために、ベルリンに旅立っていた。

古義人の新居での計画は、森に伝承される「童子」の物語を書くことであったが、しかし実際は老年になって森に舞い戻った古義人が引き起こす喜劇的なドタバタが、古義人・ローズさん両人が愛読する『ドン・キホーテ』の物語に重なるようにして進行する。

物語の進行につれて、古義人と吾良の高校時代にさかのぼる、「アレ」と呼ばれる例の出来事も明らかにされていく。このエピソードについては第四章で分析したので、ここでは、古義人のなかで「アレ」がいかに大きな位置を占めていたかだけを再確認しておこう。

大黄がかつて錬成道場を営んでいた土地には、いま松山の実業家によって新たなリゾートホテルが建てられ、そこで催される古義人を目玉にしたセミナーの計画に、かれはかなり安易に引き入れられる。六〇年安保当時の「若いニホンの会」の残党が集まった「老いたるニホンの会」も、ここで活動を開始する。その矢先、古義人は実業家と摩擦を起こし、計画から退場することとなった。そして「アレ」の記憶から逃れられず、森での生活に心身ともに傷ついた古義人に、「童子」への想像力が最後の力をあたえる。

このあとの話が『さようなら、私の本よ！』（二〇〇五年）に描かれる。四国山中の騒動で大怪我し東京に戻って療養していた古義人は、家族の計らいもあって、因縁浅からぬ幼友達の椿繁と、北軽井沢の別荘「小さな老人《ゲロンチョン》」の家で新たな生活を始めることになった。

アメリカで活躍し世界的に知られた建築家である椿は、数十年ぶりに帰国、古義人の別荘を根拠地にして、ある計画を準備していた。椿を慕う数人の若者たちもそれに加わった。古義人もやがて計画の概要を知るところとなる。

計画とは、ニューヨークの9・11にならい、東京でも高層ビルを内部から爆破するというテロ計画であった。世界を取り巻く「巨大な暴力装置」に、「個人単位の暴力装置」で対抗しようとする試みである。この計画は椿にとって、「破壊する《アンビルド》」というみずからの建築理念を実現する一大プロジェクトでもあった（世界的に知られた建築家であり「アンビルド」の思想というと磯崎新を連想させるが、磯崎をモデルとする建築家は別に登場する）。古義人も「おかしな二人組《スウード・カップル》」の片割れとして、爆破直前に人々を退避させるための広報の役割を椿から割り振られた。

計画は「ジュネーヴ」と呼ばれる司令部の許可を得られずに最後は頓挫し、「小さな老人《ゲロンチョン》」の家の爆破事故という尻すぼみのかたちで、二人の「愚行」は終焉する。

読者をひっぱる大江の文章力はさすがなのだが、しかし「おかしな二人組」の老人とテロリスト予備軍の青年たちをつなぐ「巨大暴力に対抗する個人単位の暴力装置」という思想の内実はついに書かれぬままに終わる。大江が尊敬するドストエフスキーならかならずきちんと描ききったはずの内実である。テロ思想の内実が空白であるがゆえに、書くことができなかったのではないか。

結局のところ、大江は一市民としては「戦後民主主義」と「平和主義」とを標榜していながら、文学世界のなかでは、「政治」というものを、まるでハリウッドのSF映画のように、巨大暴力に対抗するマイナーな暴力というかたちでしか構想し得ていないのである。「ジュネーヴ」にも、いかにも大時代なテロ組織のイメージが投影されているだけだ。

　これでは超国家主義者として描かれた古義人の父親の敗戦時の決起、またその弟子・大黄による占領終結時の蜂起などと、好一対の描き出されかたであるにすぎない。しかもかれらの蜂起はかれらの思想的な必然性を帯びた計画であったのだが、椿の計画は無責任としかいいようのないものだ。それにしぶしぶとはいえ賛同する古義人とはいったい何者なのか。

　また大江が描きつづけた四国山中の幕末・明治の一揆には、小さな共同体という基盤があった。しかし現代の一揆主義には、ただ児戯に類するこけおどしの想像力があるだけなのである。

　大江健三郎の文学世界のなかに象徴されたこれらの「政治」のイメージが、すぐさま大江の政治思想の表明であろうはずはない。これはあくまで「文学」のなかの話である。しかしこれらの「国家」イメージは大江の政治的想像力が生み出したものであり、読者に政治的効果を及ぼしているのも、まちがい事実である。

第六章　国家は共同幻想なのか？　吉本隆明の「国家」

1．「対幻想」V.S.「共同幻想」

大衆はなぜ共同幻想に憑かれるのか？

戦前にたとえばふつうの大工さんがどうして皇国イデオロギーを信じるようになったのだろうか？　家を建てる仕事に励み、家庭を守ることで十分だったはずなのに、どうしてそれ以上の余計な観念にとり憑かれてしまったのだろうか？（序章で見たように）「大衆の原像」を倫理の核にするからには、この問題を吉本隆明は絶対に避けて通るわけにはいかなかった。

それ以上に、吉本自身一途な皇国青年であったという動かしがたい体験があった。客観的に見れば時代に強制されたということもできるけれども、自分の判断で皇国イデオロギーを信奉したのはまちがいない事実であった。なぜ一庶民の息子である自分がそのようなイデオロギーに取り込まれていったのだろうか。

大学紛争のさなかに刊行された『共同幻想論』（一九六八年）は、起源論・発生論のかたちをとっているため読者にやや迂遠な印象をあたえたけれども、吉本にとってはきわめて切実な動機に発していた。

大衆は家族や仕事の周辺の世界を生きていることに不足はなく、外部の観念体系である国家イデオロギーや社会主義イデオロギーに取り込まれる必然性はなかった。にもかかわらず大衆はかつてもいまも、吉本の目の前で超越的なイデオロギー世界に引き込まれていった。それも強権に脅されていやいや動員されたのではなく、みずからすすんで参入したのである。戦後の左翼がいうように、大衆は戦前はむりやり「お国のために」奉仕させられ、戦後は階級意識に目覚めてみずから革命的な運動に参加したのではなく、どちらの場合も大衆自身が選んだ道だといってよかった。

大衆の即自的な幻想である生活現場の幻想（「自己幻想」と「対幻想」）が、なぜ大衆にとっては外来の幻想である「共同幻想」に同調したり、そこへ転位したりするのか、ここに『共同幻想論』の根本的な理論的動機があった。

まず「幻想」という言葉について見ておこう。「国家は幻想の共同体だというかんがえを、わたしははじめにマルクスから知った」と吉本は述べているが（角川文庫版『共同幻想論』）、これはマルクス初期の「ユダヤ人問題によせて」、「ヘーゲル法哲学批判序説」、『経済学・哲学草稿』を指している（『カール・マルクス』、一九六六年）。ただし一般には、国家を「幻想の共同体」とした『ドイツ・イデオロギー』の規定がよく知られている。

また「幻想」概念はマルクス主義用語の「上部構造」に対応する概念であるとも証言しているけれ

ども、実体的な機構をも含む「上部構造」に対して、吉本の「幻想」概念は観念的なものに限定され、かつ「下部構造」に対する相対的な独立性が強調されている。だから「上部構造」のかわりに、「意識」でも「観念」でも「精神」でも「イデオロギー」でも、たいしてちがいはなかったはずなのだが（語法が整合的でさえあれば）、「幻想」と命名したことによって時代の情況にセンセーショナルな意味をもたらした。とくに「共同幻想」に関しては、その夢幻《ゆめまぼろし》性がおのずと強調されたのはいうまでもない。背景を見ておこう。

戦前にマルクス主義に奔った若者に地主の息子やブルジョアジーの子弟が多かったように、反対に皇国イデオロギーを信奉した青年に貧しい農村の出身者が多く見られたように、「下部構造」が「上部構造」にストレートに反映することはあり得ず、むしろ後者は前者から相対的に独立していると考えられる（一対一対応はしないということ）。どのようなひとがどのようなイデオロギーにひきつけられたかは単純な下部構造決定論では解析できず、それぞれに社会科学的な方法による分析を必要とした。

たとえば丸山眞男は、「日本ファシズムの思想と運動」（一九四八年）のなかで、日本の「ファシズム」は、ドイツやイタリアとおなじく中間層の運動であったけれども、日本の中間層はふたつの類型に分類されると指摘した。このうち「ファシズム」の社会的地盤を形成したのは、「小工場主、町工場の親方、土建請負業者、小売商店の店主、大工棟梁、小地主、乃至自作農上層、学校教員、殊に小学校・青年学校の教員、村役場の吏員・役員、その他一般の下級官吏、僧侶、神官」といった類型のひとたちであり、もうひとつの類型である都市のサラリーマン、インテリ、学生などは、「ファシズム」に少なくとも積極的には関わらなかった（丸山はむろん後者に分類された）。

有力なマルクス主義学派であった講座派の歴史学者も、「上部構造」内部の分析にそれなりに腐心した。ましてマルクス主義的な分析方法がほぼ破綻した現在では、そもそも「下部構造」と「上部構造」という二分法自体が決定的な有効性をもたない。

しかしまだマルクス主義イデオロギーが知識人のあいだに優勢であった『共同幻想論』刊行当時には、すなわち、下部構造が上部構造を規定するという考えかたが、大筋としては流通していた当時においては、この「幻想」というタームはじつに衝撃的であった。私の友人のアーティストは「国家が幻想にすぎないのだと知ったとき、どんなに気持が晴れたことか」と後年回想していたが、これは難解な『共同幻想論』を読了できなかった多くの「吉本主義者」の典型的な反応だったのではないだろうか。このときばかりではない、一九八二年に刊行された角川文庫版『共同幻想論』の帯にもなんと、「きみは国家がまぼろしだと気づいているか！」と大書きしてあったくらいである。

国家は幻想だから心持ち次第で解放される、と早とちりした多くの「吉本主義者」と、幻想であるからこそひとびとの心の奥まで呪縛していると考えた吉本とのあいだの、大きな認識の落差がここにはあった。しかし吉本幻想論は「吉本主義者」や吉本ファンを通して「国家＝まぼろし」というかたちで流通し、吉本も理論的な批判に対してはときに激昂し悪罵を投げ返したものの（かなり理不尽なまでに）、流通のしかたにはあまり文句をいった形跡はない。

『共同幻想論』というテクスト

「鼓腹撃壌」の農夫でも、堯帝の存在、帝政のしくみ、帝政の存在理由についての概略を知っていた。だからこそ「帝の力なんぞ自分になんの関係があるんだい」とうそぶくことができた。すなわち歴史上のどんな大衆であっても、なんらかの共同幻想にあらかじめ侵食されているのであって、共同幻想とはまったく無縁な大衆という存在を理念型としても想定することはむつかしい。

しかしそれを起源論として考究したのが『共同幻想論』であった。貧しい農民がなぜ皇国イデオロギーをみずからのアイデンティティとしたのか、といった個別のケーススタディとしてではなく、対幻想と自己幻想をたよりに生活することで、共同幻想などほんらい無縁であるはずのひとびとが、なぜ共同幻想に取り込まれてしまうのか、といった原理的な問いが『共同幻想論』の基本モチーフであった。

興味津々の問題設定である。しかしテクストは難解きわまりない。その理由の過半は、吉本がオリジナルなテーマにほぼ独力で接近したうえに、論理的な整合性を犠牲にしてまで自説を強引に押しすすめたところにあった。そのため用語はしばしば混乱し、文章は錯雑をきわめる。一字一句まじめに読もうと思えば思うほど、先へ進めなくなる。

各章は唐突にはじまり、展開についての説明もきわめて不親切であるために、いったいいまなにが論じられているのか、読者にはまるで予測がつかないこともしばしばである。その一方、ときに成田屋ばりの大見得を切ってみせる。あるときは白波五人男のように、またあるときは勧進帳のように。

ここだけは大いに受ける。

かつて田川建三は吉本の論理的破綻の原因である無自覚の思い込みや偏見を克明に暴きあげ（『思想の危険について』、一九八七年）、小浜逸郎は用語の混乱と行文の矛盾をきびしく衝いた（『吉本隆明』、一九九九年）。田川と小浜とでは、批判のイデオロギー的側面は左右にだいぶへだたりがあるけれども、吉本が人間の共同性一般を敵視したところに根本的な欠陥を見た点では、ぴたりと一致した。

小浜はまた、議論の前提となる自己幻想・対幻想・共同幻想という幻想の三領域分類に対する疑念を提起し、自己幻想といわれるものの内実はすべて対幻想ないしは共同幻想であり、自己幻想などという特別なものはないと論駁した。しかしここでは、自己幻想をたったひとりで担われている（と意識された）幻想、対幻想を男女のペア（およびそこから派生した家族）で担われている幻想、共同幻想を共同体（共同性）のメンバーによって共通に担われている幻想と規定を狭めて（つまり幻想の担い手によって区別して）、話をすすめていきたい。

以後テクスト内部の矛盾や問題点にはおおむね眼をつぶり、吉本のモチーフに即して大筋だけを取り出すことから始めたい。全体の目次立ては以下のとおりだ（テクストは以下すべて角川文庫版による）。

『共同幻想論』は「序」につづく「禁制論」「憑人論」「巫覡論」「巫女論」「他界論」「祭儀論」「母性論」「対幻想論」「罪責論」「規範論」「起源論」という計十一章から構成されている。「他界論」までの計五章は柳田國男の『遠野物語』をおもな素材とし、国家幻想成立以前の未開の幻想形態がテーマになる。『古事記』を主要な素材にする「祭儀論」以降の計六章は、共同幻想が国家という最終の幻想形態へと結晶していく過程が描きだされる。タイトルをつければ、前半が「第一部　共同幻想とはなにか」、後半が「第二部　共同幻想としての国家」とでもなるだろうか。

共同幻想と自己幻想とは逆立する

前半の素材に取り上げられた『遠野物語』は、岩手県遠野の文学青年であった佐々木喜善が、同地に残された口頭伝承を柳田國男に語り伝え、それを柳田が一冊にまとめたものである。明治四十三(一九一〇)年の刊行だから、日露戦争を経て近代国民国家が確立した時期のテクストである。吉本はそれを「原始的あるいは未開的な幻想の現代的な修正(その幻想が現代に伝承されていることからくる必然的な修正)の資料の一典型」として扱った。

明治国家の国家幻想に取り囲まれた小さな村落共同体の、しかしその国家幻想以前のささやかな共同幻想を生きる諸個人から、吉本は議論を出発したのである。ホッブズをはじめとする社会契約論者のように、政治的な共同観念をまったくもたない抽象的な諸個人を議論の最初に仮構するのではなく、すなわち、自己幻想→対幻想→共同幻想→国家幻想という単線的な筋道を想定するのではなく、きわめて具体的な民衆(吉本用語でいえば大衆)の幻想形態から分析を開始したことに注意しておきたい。社会契約論者のようにフィクションで話をすすめるのでなければ、どのみち歴史的な資料を使わざるを得ない。

『遠野物語』の民譚に吉本が読み込もうとしたものはなにか。「原始的なあるいは未開的な共同の幻想の在りかた」である。この未開の心性においては、自己幻想は共同幻想にあらかじめ「侵蝕」され、それに「同調」するかたちで一体化していた。「村落のなかに起っている事情は、嫁と姑のいさかいから、他人の家のかまどの奥まで、村民にとってはじぶんを知るように知られている。そういうところでは、個々の村民の〈幻想〉は共同性としてしか疎外されない。個々の幻想は共同性の幻想に〈憑く〉のである」。この「常民の生活の位相」では、個体の幻想性と共同の幻想性とはすんなり接続していた（「憑人論」）。

吉本は、この共同幻想と自己幻想とが渾然とした未開の幻想形態から議論を出発させるのだが、すでにそこにきざしはじめていた両者の分解の過程に着目する。そして、自己幻想から見た共同幻想はかならず逆転し、共同幻想から眺めた自己幻想もまた逆転するといった「逆立」の関係として論理を立てる。つまり自己幻想と共同幻想とは同時に並び立たない、次元を異にする幻想形態だというのである。ここには個人性を抑圧するものとしての共同性という、吉本の強い確信が論理化されている。以後読者のあいだに、「共同幻想と自己幻想とは逆立する」という独立したテーゼとして流通することになる。

第一章にあたる「禁制論」によれば、たとえば小さな村落共同体のメンバーが山人の棲む外側の世界に対して抱いた「恐怖の共同性」が、村民のあいだに「禁制」を生みだす原因となった。この禁制としての幻想が、入眠幻覚や憑依という特別の心理状態を通して自己幻想のなかに出現したことが大事な点である。

共同幻想が個々人の幻想に出現する媒介機能は、この入眠幻覚などの心的現象から次第に高度化し、やがて「いづな（狐）使い」などの専門化した機能によって担われるようになった。かれらは、たとえば「狐」という村落の共同幻想の象徴に自分の幻覚を集中させることで、両者を橋渡しすることができたのである（「巫覡論」）。

この専門的な職能のなかで特筆すべきは「巫女」の存在であった。「わたしのかんがえでは〈巫女〉は、共同幻想をじぶんの対なる幻想の対象にできるものを意味している。いいかえれば村落の共同幻想が、巫女にとっては〈性〉的な対象なのだ。巫女にとって〈性〉行為の対象は、共同幻想が凝集された象徴物である。〈神〉でも〈ひと〉でも、〈狐〉とか〈犬〉のような動物でも、また〈仏像〉でも、ただ共同幻想の象徴という位相をもつかぎりは、巫女にとって〈性〉的な対象でありうるのだ」（「巫女論」）。

男のシャーマンが苦行をとおして自己の幻想を共同幻想に同化させるのに対して、巫女は「〈性〉的な恍惚」のもとで対幻想を共同幻想に同化させることができる、と吉本は述べた。フェミニストから怒りの野次が飛んだくだりである。

このように共同幻想を意識化・自覚化するプロセスのなかで、かつて共同幻想と渾然一体となっていた自己幻想と対幻想は、共同幻想からの分離の度合いを強め、これに比例して共同幻想もまた高度化し、ついに空間的であるとともに時間的な「他界」の観念を獲得するにいたった（「他界論」）。

共同幻想と自己幻想・対幻想とが渾然一体であった低次の幻想形態から、後者が分離・独立するプロセスを追いかけ、共同幻想の象徴的な意味を探究したのが、ここまでの流れであった。当然、さらに高次の共同幻想の出現が予測される。共同幻想が国家という共同幻想にまで高度化する道行きである。

対幻想から共同幻想へ

後半の議論は、吉本が「種族の最古の神話的資料の典型」と位置づけた『古事記』を主要な素材にして、共同幻想が国家という共同幻想にまで結晶していくさまが跡づけられる。

自己幻想と共同幻想とは「逆立」というメタファーで、つまり両立できないものとして主張されていたが、対幻想は広い意味では共同幻想の一種である。とはいえ対幻想と（狭義の）共同幻想とは位相も異なり、大きな矛盾をはらんだものどうしであるというのが吉本の前提である。自己幻想も対幻想も、ともに共同幻想とそれほどまでに相性が悪いのならば、どうして国家にまで発展する共同幻想などというものが成立したのだろうか。

それを媒介したのがほかならぬ対幻想自体だというのが、吉本の見立てである。まず後半部のはじまりの三つの章では、この対幻想が共同幻想へと転位するありさまが観察される。

このプロセスをスケッチする前に、吉本が対幻想にどんなイメージをもっていたのか、共同幻想とのあいだにどんな深淵を覗き込んでいたのかを見ておきたい。『共同幻想論』とちょうどおなじ年に、吉本は幻想概念をいっさいつかわずに、その機微をわかりやすく説明したエッセイを書いている（「個人・家族・社会」、一九六八年）。

ひととひととの出会いかたにはさまざまなかたちがあるけれども、その原型をなすのが「〈性〉としての人間」すなわち「男性または女性」として「〈他者〉と出会うということ」である。そして「〈個人〉が〈性〉としての人間というところから〈他者〉と出会う根源的な場所」が家族にほかならない、と吉本はいう。この家族は社会とはまったく次元を異にする世界であり、「我よりも父または母を愛する者は、我に相応しからず、我よりも息子または娘を愛する者は、我に相応しからず」というイエスの言葉も、そのポイントをついたものだと吉本は指摘する。

にもかかわらずひとは家族の共同性に自足できずに、社会をつくってしまった。「人間はもともと社会的人間なのではない。孤立した、自由に食べそして考えて生活している〈個人〉でありたかったにもかかわらず、不可避的に〈社会〉の共同性をつくりだしてしまったのである」(同上)。社会の共同性などほんとうはいらないものなのに、しかし「不可避的」につくりだしてしまったのだと吉本は慨嘆する。

近代西欧の社会哲学者たちが社会の効用を説き国家の正当性を証明したのとは反対に、吉本は社会や国家をのっけから敵視した。吉本のじつにユニークなところであり、読者を一度は魅了する場面である。この社会敵視感情が共同幻想論の論理を内側からつねに駆動していることが、吉本を読むための注意点である。

ではこの「不可避的」な転位を可能にしたのはなんだったのか、『共同幻想論』にもどって考えてみよう。ここで重要な役割を負わされたのが、前述したように性としての女性の存在である。吉本によれば、巫女に特化した女性が共同体の祭儀を通して共同幻想をみずからの性的な対象とすることで、対幻想が共同幻想に重ねあわされ、対幻想は次第に共同幻想に「同致」されていったというのである(「同致」はおそらく吉本の造語だが、おなじようなものとして重ねあわされてしまうという程度の意味)。対幻想の側から共同幻想に自覚的に働きかけるところに、祭儀という制度の一歩進んだ特徴があった（「祭儀論」）。

そして家族の対幻想が村落の共同幻想に「同致」した社会が「母系」制の社会である。「母系」制社会が成立するためには、家族の対幻想の意識が村落の共同幻想の意識にまで空間的に拡大する必要があった。その決め手になったのが、夫婦のように外部に閉ざされた対幻想ではなく、この拡大に耐えられる姉妹と兄弟のあいだの、ゆるくはあるが永続的な対幻想であった。こうして姉ないし妹が祭祀をつかさどり、弟ないし兄が世俗権力を統握するという体制が成立した。アマテラスとスサノオの挿話は、この関係を典型的に表現していたとされる（「母制論」）。

共同幻想から国家へ

家族から前氏族共同体さらに氏族共同体にまで人間の集団が拡大したとしても、それだけでは地域社会の統一は果されない。血縁を系譜的にたどり得る限界がとりもなおさず、氏族共同体の限界を画しているからだ。社会経済的な進展とくに土地所有制の進展にあわせて、血縁共同体が地縁による部族共同体へと飛躍するためには、共同幻想における位相の変化がなければならない。ただ姉妹兄弟の関係がさらに空間的に拡大して部族共同体にまで単線的に到達した、というようには吉本は考えなかった。

この飛躍を準備したのが、対幻想内部における近親相姦禁止というコードの成立であった（吉本の考える近親相姦禁止コード成立の時期は人類学の常識にくらべてだいぶ晩いが、その時期までにこのコードが成立していたという条件としてとらえておけばいい）。このコードにより姉妹兄弟間の性交渉・婚姻が禁止され、母系制であれば、兄弟は出自の家族あるいは血族の外部に婚姻の輪を広げる必要があった。「論理的にかんがえられるかぎりでは、同母の〈兄弟〉と〈姉妹〉のあいだの婚姻が、最初に禁制になった村落社会では〈国家〉は存在する可能性をもったということができる」(「起源論」)。

では地縁的な部族共同体すなわち初期国家は、どのような共同幻想をあらたに獲得したのだろうか。「はじめに〈国家〉とよびうるプリミティヴな形態は、村落社会の〈共同幻想〉がどんな意味でも、血縁的な共同性から独立にあらわれたものをさしている」(「起源論」)。血縁共同体の掟だけでは、最初の国家である部族共同体の秩序を保つことはできない。

そのため氏族共同体の掟のなかから、統一的な国家の法になるために「垂直的(権力的)」に抽きだされたものと、下位に蹴落とされたものとに二分されたのである。前者が『古事記』のなかで「天津罪」と呼ばれる規範であり、後者が「国津罪」であった。「天津罪」は農耕的な統一部族国家段階に、「国津罪」はそれ以前の社会に対応した規範体系であった(「規範論」、「起源論」)。

また氏族共同体の姉妹兄弟関係のパターンは、土着勢力と征服者である大和朝廷勢力との関係にも移し替えられ、前者を代表するスサノオと後者を代表するアマテラスという神話的な形象が実現するにいたった。こうして幻想としての国家の骨組みは整えられたのである。

2. 共同幻想から共通ルールへ

幻想脱却の療法

自己幻想（個体幻想）や対幻想が共同幻想にほんらい転位してはならないというつよい信念、にもかかわらず人間は例外なく共同幻想に浸しつくされているという現実、この引き裂かれた思いに牽引されて吉本は未踏の山頂をきわめた。頂上から振り返ってみると、最大の難所はむろん、対幻想が共同幻想に転位するという逆説的な箇所であり、そこに姉妹兄弟関係というルートを発見したときに、吉本は成功を確信したはずであった。

吉本は「国家とは階級支配のための暴力装置である」とするレーニン流の国家観も、国家機構の制度的な分析に終始する近代政治学の手法も、ともに国家の本質をとらえられないと考えた。そして国家は幻想であるとする問題意識を初期マルクスに示唆され、『精神現象学』のヘーゲルから姉妹兄弟関係というヒントをもらって、『共同幻想論』という大仕事に取り組んだ。大衆をも心の底から幻惑して取り込む共同幻想に国家の本質を発見したとき、吉本は国家を無化する契機をつかんだはずであった。

吉本は『共同幻想論』のなかでしばしばフロイトを援用しているが、吉本の手法自体がきわめて精神分析的であった。戦時中の吉本をはじめ、国家あるいは天皇に対する一体幻想に惑わされていた患者は、その幻想がどこからやってきたのかを分析過程で知ることができ、そのことを深く了解することで、治癒の道を歩み始める手はずであった。たしかに吉本自身は、この治療でほぼ快癒したように見えた。そして吉本に心情的に同伴してきた読者たちも、処方箋を交付されたつもりになった。

精神分析ではたとえ客観的事実がどうであれ、患者本人が父親なり母親なりの近親に抱いていた主観的真実が重要視されたように、吉本の幻想論においても、はたから見て対幻想が共同幻想に転位したのであってもそうでなくとも、そのような分析が吉本にとって腑に落ちるものであれば、それで十分であった。しかし国家と国民の問題はそれで解決したとはとうていいえないのではないか。

『共同幻想論』刊行の四カ月ほど前に行なわれた講演で、吉本は国家の成立を「法権力」の起源に関係させて語っていた。すなわち国家以前の共同体においては、規範は個々のメンバーを相互に水平に規定するものであったのに対して、国家成立後はメンバーのあいだでの侵犯行為であっても、「法を私有するあるいは占有するものにたいする侵犯行為」として受け取られるようになった、つまり「垂直な概念」に転化されたというのである（「国家論」、一九六八年）。国家レヴェルの審級の成立である。

しかしこの法権力のメカニズムを解析するには、共同幻想の論理とは別の論理を必要とする。共同幻想の論理は基本的には共同体の構成員の一体性の起源を説明するものであっても、権力の分析を目的としたツールではなかったからである。

これは当然のことであった。レーニン主義的であれ、なんであれ、権力の分析だけでは、国家の本質をとらえられないという理由から、吉本は共同幻想論という未踏の頂上を目掛けたのだった。

吉本は四半世紀のちのインタヴューのなかで、「理想国家」の条件として、「国軍を持たないこと、そして国が開かれていること、いざとなれば国民が自由に政府をリコールできる法的装置が整い、国民にその実質的な力が備わっていること」という項目を挙げている（「日本における革命の可能性」、一九九四年）。この諸条件を論ずるために、共同幻想の理論が有効でないのはいうまでもない。本人が位置づけているように、『共同幻想論』は「共同体のあり方を過去に遡って論じてみた」書物なのであり（「わが『転向』」、一九九四年）、幻想という深いレヴェルにおいて、大衆を国家の呪縛から解き放つための理論装置だったのである。

「想像の共同体」と「共同幻想論」

『共同幻想論』を現時点から振りかえって、アメリカの政治学者ベネディクト・アンダーソンの『想像の共同体』（原著初版一九八三年、邦訳一九八七年）と比較し、『共同幻想論』の先駆性を評価する議論をしばしば見かける。吉本幻想論の世界性を称揚したいのだと思うが、しかしほんとうに両者に理論内容や問題意識の点で共通点があるといえるのかどうか、すこし見ておきたい。

アンダーソンによれば、ヨーロッパの民衆はもともと帝国や王国の支配の下、各地に多様に存在したローカルな諸言語を話す小さな共同体のなかで生活していた。そのかれらが国民国家の「国民（nation）」として統一されるためには、ローカルな共同体を越えた、より広範囲のコミュニケーションを可能にする、新たなコードの確立が不可欠であった。

グーテンベルクの印刷革命によって誕生した「出版資本主義」は、ヨーロッパ世界におけるエリート層の共通言語であったラテン語と、各地のローカルでオーラルな諸言語とのあいだに、新たな書記言語を開発した。ローカルな言語を素材にして、より広範囲に通用する書き言葉が仕立てあげられたのである。これが「出版語」であり、ドイツ語やフランス語といったヨーロッパ各国語の誕生を意味した。

この出版資本の論理によって出来あがった新しいコード（言語）は、地域共同体や職能共同体というローカルな共同体を越えて、より広範な地域レヴェルのコミュニケーションを可能にした。これがやがて近代の国民という「想像の共同体」を形成する重要な契機となったのであった。

以上要約したあたりが吉本と比較しやすい箇所である。では吉本はどういう意味から、このアンダーソンの先駆者と見なされるのだろうか。国民は「想像の（imagined）」「共同体（community）」であるというアンダーソンの主張は、たしかに国家は共同の幻想であると主張した吉本の議論に似ていなくはない。

しかし『共同幻想論』が、対幻想が共同幻想に転位するという逆説的な位相転換をテーマとし、姉妹兄弟関係というトリッキーな媒介を見つけ出したのにくらべると、『想像の共同体』はさまざまにローカルな共同幻想（吉本用語を使っていえば）のあいだに、どのようにしてナショナルな、つまりやがて主権を主張する共同幻想が次元を超えて出現したのかという、だれにでも即座に共有できる問題意識に支えられていた。出版資本主義の役割評価については議論が分かれるかもしれないが、いくらでも反証可能な議論の水準である。

両者がそれぞれ姉妹兄弟関係や出版資本主義という媒介を発見したことは、まちがいなくユニークな業績であるが、その中味は全然似ていない。似ているのは、国民や国家が共通の観念に媒介されたものであると提起した、という点だけである。しかしそれだけなら、だれでもうっすらとではあれ、予感していたことではなかっただろうか。国家をたんなる政治機構や暴力装置としてだけ見ていたひとは少なかったはずだ。

さらにしばしば誤解されるところだが、アンダーソンが「想像の共同体」だと指摘したのは、あくまで「国民」という存在であって、「国家」という制度的な存在ではなかったことを忘れてはならないだろう。かつこの国民は、みずから主権を主張する能動的な主体であって、国家という共同幻想に不可避的に巻き込まれた消極的な主体ではなかった。このように見てくると、吉本はアンダーソンの先駆者ということはできないように思える。

天皇の現在

人間が共同幻想から解除され、対幻想と自己幻想だけで牧歌的な生活を送るというようなユートピアを、もはやだれも想い描くことはできないし、吉本自身そんな「反動的」なことを考えてはいなかった。ひとにぎりの「吉本主義者」が妄想していただけであろう。

吉本が最後に構想したのは、「超資本主義」下の「超都市」を生きる大衆の、あらたな「革命」であった。その進行のなかで、吉本にとってはきわめて重大なテーマであった天皇制も、徐々に「無化」されると認識されていた。日本社会が農耕社会からほぼ完全に離脱した現在、天皇の宗教的威力が大きく後退したのは疑いようがなかった。吉本は天皇位の世襲を目の当たりにし、昭和天皇という「偉大な最後の天皇」の退場をも見届けていた（「天皇制および日本宗教の諸問題」、一九八八年）。

では『共同幻想論』の頃には、吉本は天皇制無化のスケジュールをどのように思い描いていたのだろうか（むろん『共同幻想論』自体が、天皇制無化の戦略の原論的位置を占めていた）。以下の議論は以前書いたことだが、ポイントだけ確認しておきたい（拙著『天皇と日本人の課題』）。

吉本はこの頃、天皇制の魔力の根源に宗教性を見出していた。天皇のこの宗教的な威力は、外来勢力である大和朝廷の成立に際して、土着の水稲農耕民の農耕祭儀と家族的な祖先崇拝とを、みずからの祭儀のなかに取り込むことで獲得された。その後歴代天皇は、水稲農耕民のための祭儀をみずからに課せられた責務として一貫して遂行した。この祭儀の継続によって、幻想レヴェルにおける天皇の位置は揺るぎないものとなった（「天皇および天皇制について」、一九六九年、「宗教としての天皇制」、一九七〇年）。

ほんらいは家族共同体の信仰形態であった祖先崇拝が、国家レヴェルの共同体の「来迎神信仰」に接続されたことによって、天皇制の権力は神話時代にまでさかのぼるという虚構が信じられるようになった（「宗教としての天皇制」）。しかし土俗的な祖先崇拝が天皇制に呑みこまれたとはいえ、どこかにその継ぎ目が隠されているのではないか、と吉本は見当をつけた（「南島論」、一九七〇年）。

ならば天皇制「無化」のポイントは、天皇の祭儀が土俗の祭儀に接ぎ木されたこの接ぎ目を発見することにあるはずだ。すなわち天皇制成立以前の古い統治形態を掘りおこすことによって、それよりあとの天皇制の宗教的支配の歴史を相対化するカギが発見できるのではないか、こう吉本は考えた（「天皇および天皇制について」）。空間的に辺境にあることによって、時間的に天皇制以前にまで遡りうる南島の宗教祭儀のなかに、その接ぎ目が見つけられるにちがいない（「南島論」）。これが吉本の天皇制「無化」の戦略であった。

ところが、「南島」という地理的な概念を段階論的に時間軸に投影することにより、天皇制「無化」の戦略を目指した吉本の方法は、「日本」という空間の自明性を相対化する道を探った社会史の成果に、はからずも挑戦されることになった。

吉本が、米作農耕社会である固有日本の王として天皇を位置づけ、日本社会が農耕社会から脱却するときには、天皇制もまた物質的基盤を失って終焉するだろう、と予測したのに対して、社会史家の網野善彦は、日本を「瑞穂の国」と位置づける従来の歴史観を批判し、むしろ「非農業民」と天皇とのつよいつながりを指摘した。百姓＝農民というこれまでの固定観念を覆して、百姓のなかに工業製作者や商人、そして芸能民などのさまざまな職業従事者の存在を発見し、それら民衆と天皇との深いかかわりを焙りだしたのである。

この観点に従えば、農耕社会からの離脱によって天皇制も後退するとはかぎらず、高度資本主義社会においても天皇制が存続する論理的な可能性が残される。

政治学者の松下圭一はすでに「皇太子（現天皇）御成婚」ブームの時点で、天皇制は戦前型のものからあらたな「大衆天皇制」に変貌したと指摘していた。天皇は世襲をたてまえにしているにもかかわらず、その正統性の根拠が「皇祖皇宗」から「大衆同意」に変化したという読みであった。「大衆こそに小市民層の日常欲求」が「幸福な家庭」を理想像としているならば、大衆が皇室を「聖家族」としてイメージしたときに、大衆天皇制は大衆の「同意」を得たことになる。つまり天皇は「現人神」から「スター」に変貌したのであった。この大衆同意にもとづく大衆天皇制は、政治心理的には戦前の天皇制よりも安定している、というのが松下の見立てであった（「大衆天皇制論」、「続　大衆天皇制論」、一九五九年）。

松下や網野の説を裏づけるように（しかしかれらの意に反して）、皇室は「国民統合の象徴」としての情報価値を生みだしつづけている。初詣、お宮参り、七五三、神前結婚がますます盛んであるのとおなじく、平成天皇制は稲作農業社会とは遊離したまま、高度資本主義社会のなかで、独自の意味を演出しつづけているのである。松下説にしたがえば、皇室が「聖家族」でありつづけられるかどうかこそが、皇室存続の条件なのである。

つまり吉本のいう「接ぎ目の発見」は、戦前の国体思想の「無化」には強力な戦術であったとしても、現在の天皇制の綻びのきっかけにはならないのである。天皇制が近代国民国家の形成期に創作されたものだという近代日本史学の主張も、同じ理由から効力は弱い。天皇制はそういう点ではすでに「無化」されたうえで、つぎのステージに入ったと認識すべきなのではないだろうか。

皇室が現在抱えている危機は、このステージの上に出現したあらたなテーマとしてとらえられるべきであり、「聖家族」としての綻びにもかかわらず、国民という共同性の象徴として機能しつづけられるかどうか、これがいま皇室に問われているのである。

さらば共同幻想論

『共同幻想論』は、国家の本質は人間の本来的な生を抑圧する幻想形態であると主張した。したがって人間はこの国家幻想から解放されなければ、真の自立には至らない。それが政治レヴェルにとどまらない、ラディカルな「革命」の課題であった。

吉本は『共同幻想論』において国家のこの普遍的な本質をつかまえたと自負したが、それはわれわれの現代国家が抱えている政治的な課題の分析に有効なものではなかった。つまり戦前型の国家幻想に一度はとりつかれたひと（戦後生まれの私のようなものをふくめて）に対しては、たしかな効果があったけれども、現代の政府と国民とのあいだの政治的なゲームを論ずるためのツールでは、はじめからなかったのである。そのことは吉本自身がいちばんよく知っていたはずである。

『共同幻想論』は、これまでの、そして今後いつでもモンスター化しないとはかぎらない国家幻想に向かって、原理論として対抗するための理論ツールであった。現実の国家をめぐる政治的課題に対しては、別の処しかたがあることを吉本は十分に心得ていたはずであった。それはたとえば「理想国家」の条件として提示されていた（一七三―四ページ参照）。

「消費資本主義」あるいは「超資本主義」の下で、吉本は六〇年代の政治革命の構想はとっくに放棄したけれども、あらたに消費行動によって政府をリコールする権利を主張し、別のかたちの「革命」を想い描いた。吉本は「国家」に対する処しかたについても、その「革命」のありかたについても、「転向」しつつ、あらたな構えかたを提示していたのである。

ところが『共同幻想論』によって反体制気分を理論的に裏うちされた当時の学生たち（いわゆる全共闘世代）が「社会人」となったとき、つまりせいぜい数年のモラトリアム期間を過ぎて、社会の厳しい現実（「関係の絶対性」！）のなかにもろに投げ込まれたときに、かれらは国家に対してどんな対応をしたのだろうか。

たとえば職業インテリとなったうちの少なからざる部分は、反国家の言説を単純再生産しつづけ、それが良心的で実践的な思想行為だと錯覚した。結果として、「国家はどっちみち悪なのだ」といった退廃した気分だけを周辺に醸成した。あるいは、国家に関することは税金であれ規制であれ、逃げ切ることだけを第一と考える脱力無頼派となった。

また反国家意識は懐にしまったまま、社会的に上昇したエリートたちは（たいがい高学歴のおかげであるが）、国家と国民の対立図式はそのままに、ただ前者を批判する側から、いつのまにか後者を統制する側にまわっていたのである。きちんと自覚的に転向したひとにくらべて、ずっとタチがわるく、社会的な悪影響をおよぼした。

これらどのタイプであっても、抑圧する国家と抵抗する国民、あるいは統治する国家と統治される国民といった対立図式を固定化し、国家を国民の権限・責任領域と考えることはなかった。冷戦構造崩壊後、左右のイデオロギー対立は無効になったといわれるが、イデオロギーの中核をなした国家観は、こんなかたちで延命し、負の作用をはたしつづけている。

しかしいまや国家という問題は、人権と主権とをめぐる国民相互の、そして政府と国民とのあいだのゲームとして、論じられるべきではないだろうか。それがつぎの第七章のテーマである。

第七章　憲法——私たちの基本ルール　松下圭一の「憲法」

1．左右同根の国家観

反国家の信念

前の章で見たように、吉本隆明は消費資本主義の進行につれて国家権力転覆を計る左翼の革命思想を棄て、消費者の「選択消費」というキャスティングボートに期待をかけるようになった。しかし『共同幻想論』の初発の理念だけは固くもちつづけ、ほとんど最後の社会信念と化していた。たとえば以下のような発言である。ほかの本でも引用したことがあるのでしつこいようではあるが、それでもこんなに端的に表明された箇所はほかにない。

「国家が守るべき憲法とか法律は国家が守ればいいわけです。あるいは国家の召使いである官僚が守ればいい。国民一般が守るべき理由はすこしもありません。それは個人の問題です」（『「ならずもの国家」異論』、二〇〇四年）。

あとで取り上げる「憲法とは国家に対する国民の命令である」という憲法学説でも、法律まで国民がまもる必要がないとはいわない。というより一般の法律と憲法とは次元のちがう法体系なのだというのが、かれらの主張である。

吉本が「戦後思想の巨人」であるとすれば、大江健三郎は「戦後文学の巨匠」といったところであろう。この大江健三郎も第五章で検討したように、戦後民主主義の主張とはうらはらに、小説のなかでは、暴動やテロというかたちでしか国家に対抗する方法を構想できない反国家的想像力の持ち主であった（控えめにいっても、そういう人物しか造型する気にならない作家であった）。『中国の旅』の本多勝一は、大江が「核戦争の危機を訴える文学者の声明」（一九八二年一月）の呼びかけ人のひとりでありながら、その後も「反・反核」を喧伝する文藝春秋に協力するなど首尾一貫しない態度を取りつづけたことに対して、非難・罵倒する本を書いたことがある（『大江健三郎の人生　貧困なる精神X集』、一九九五年）。こういう社会的な振舞いを左翼の内部から攻撃するのもけっして意味がないとは思わないが、大江はたんなるオピニオンリーダーではなく、押しも押されもせぬ大作家である。もうすこし作品の内部から批判しなければ効き目は薄いだろう（と思いきや大江もその後の小説のなかで、本多をモデルにした戯画的な人物を登場させて、しっかり仕返しをしている）。

私は吉本や大江がとくべつにおかしいと思っているわけではない。ひとりは「転向」し、ひとりは政治的な想像力に問題があるからといって、非難するつもりでもない。むしろ戦後の思想や文学を代表するかれらがまた、その国家観においても戦後思潮を代表していることを指摘したかったのである。

保守派も同根

それればかりではない、保守派を標榜する論客たちの国家観もほぼ同型であることが大きな問題なのである。かれらの場合には、戦後の日本人に国家意識が稀薄であり、そのために諸外国とくに中国やロシア（かつてはソ連）、韓国・北朝鮮などになめられ侮られてきたことが許せないのだ。全学連主流派（ブント）とともに六〇年安保闘争を戦い、七〇年代に右派に大旋回したあとは国家の存立を確保するための核武装を主張した清水幾太郎の書名『日本よ国家たれ　核の選択』（一九八〇年）は、かれらの気持を端的に物語っている。

安保ブントの幹部でありのちに保守派に転じた西部邁は、「『国のために戦うか』という質問にたいして世界各国の青年たちのおおむね八〇％以上が『戦う』と答えているのに、日本の青年たちにあってはそれがたったの一五％ということになっている。おそらく、我らの世代は我々の子孫にたいして道徳的な『不戦争責任』を負うことになるであろう」と慨嘆している（『国民の道徳』、二〇〇〇年）。

かれらに共通するのは、国家とは国民あるいは民族という共同体にとっての超越的な存在であり、そのために戦い、死ぬことをも辞さないという、倫理的な価値を帯びた存在であるという点だ。

たしかに国家の主権（なにものにも従属しない独立した権力）を担保するのは国民の主権（国家の最高権力）だから、国家の存立を懸けて他の主権国家と国民が戦わなければならない場面がないわけではない。だがその場合には、われわれから超越した国家という至高の存在のために戦うのではなく、主権者であるわれわれの協同体（＝国家）のために、われわれがみずからの生命・自由・財産を懸けて戦うということである。

保守派は国家を超越的な存在と位置づけ、戦後左派は国家を人民を抑圧する権力・暴力装置としてだけとらえてきた。いずれの側においても、国家は主権者である国民の手の届かないところにあり、一方は仰ぎ見られ、一方は敵視されたのである。そして対立する同型の図式のなかのそれぞれのポジションから、もう一方のポジションを攻撃するというパターンを繰り返すことで、結果として両者ともに同一の構図をトレースしつづけてきたのである。

2. 憲法——国家統治の基本法から市民自治の基本法へ

「憲法＝国家統治の基本法」批判

戦後の民主派（護憲派）も保守派（改憲派）もともに、国家を国民を包み込む機関としてとらえたという点では、まったくおなじであった。

この構図自体に問題を見出し、憲法の再定義をいちはやく提起したのが、政治学者の松下圭一の『市民自治の憲法理論』（一九七五年、収録論文の初出は一九七三、七四年）だった。本書は革新思想の一環として構想されたにもかかわらず、そのラディカルな思考によって、かえって国家敵視の習性を突き抜けた論理を構築した。

刊行当時は論壇にかなりの話題を提供し、とくに全国各地に誕生していた「革新自治体」では、自治体改革のバイブルとして広く読まれ活用された。しかし憲法学会（とくにその本山である東大法学部）では、「松下ショック」といわれたわりには、異端・奇矯の説としてほとんど斥けられ、やや読みづらい叙述のためか一般読者のあいだにもいまひとつ浸透せぬまま、今日に至っていた。

政治学や自治体の世界を一歩離れるとその名もほとんど知られていないことに、私自身ががっかりしたことが何度もあったが、二〇一〇年になってその名が突然浮上した。民主党の菅直人新首相が所信表明演説のなかで、大学時代の恩師である永井陽之助の『平和の代償』と並んで、この松下圭一の『市民自治の憲法理論』をみずからの政治理念の原点にある書物として挙げたからであった。

それ以来、菅内閣を左翼内閣と攻撃する筋から松下憲法理論も批判の砲撃を浴び、松下は左翼イデオローグの老巨頭といった、ほとんど噴飯もののレッテルまで貼られる羽目に陥った。たしかに菅は以前から官僚内閣制に対する対決姿勢を示し、著書『大臣』（増補版、二〇〇九年）で表明した政治観にも、松下政治学からのはっきりした影響関係が見られた。3・11後の行動にも、それは現れていたといっていいだろう。

しかしそれは菅の評価されるべき側面であって、これを「左翼」的と攻撃するのは、攻撃側の国家観に問題があることを逆に証明していた。そしていうまでもないことだが、菅内閣の失政や不手際まで含めて、松下理論のせいにするわけにはいかない。

では松下圭一の憲法理論とはどのようなものだったのか。松下は憲法を「国家統治の基本法」とする従来の考えかたを批判し、「市民自治の基本法」という新たなとらえかたへの転換を表明した。だがそれは左翼的な国家敵視あるいは軽視の学説なのであろうか。まず在来の説に対する松下の批判を見ておきたい。

「国家統治の基本法」という考えかたのベースには、「国家法人論」という国家観が存在する。これは国家を法律学上は統治権をもつ法人と考える学説であり、十九世紀ドイツのイェリネックによって完成された。社会契約説に反対したとはいえ、旧い王権神授説に対抗して立憲君主制を基礎づけたという点では、大きな歴史的意味をもった。

戦前日本の憲法学の泰斗であった美濃部達吉は、この説をみずからの憲法学説に導入し、天皇機関説を確立した。天皇機関説は、国家の統治権は国家という法人にあり、最高決定権としての主権を有する天皇といえども、内閣や議会や裁判所とおなじ国家の機関だとする学説である(最高機関ではあるが)。学会ではほぼ定説となっていたが、やがて狂信的な神権説を唱える勢力に攻撃され、社会的な事件に発展したことは周知の歴史事実である。

そのため天皇機関説は戦前にはリベラルな説という評価が定着していたが、戦後憲法で国民主権が確立したあとになっても、この国家法人論の発想が保革を問わず憲法解釈の主流でありつづけた。「国の基本法」と憲法規定を変えつつも、その枠組に変更はなかったのである。松下の批判はここに向けられた。

ただし松下が批判する国家法人論は、君主主権と国民主権との妥協をはかった思想史的対象としての国家法人論ではなく、「法技術構成」としての国家法人論であることに注意しておきたい。すなわち、国民を国家の一機関とし、国家には国家固有の主権が存するとする考えかたである。「進歩的」といわれた憲法学者たちのあいだでも、この考えかたが暗黙の前提になっていた。たとえば熱心な護憲派であり作家井上ひさしの友人としても知られた憲法学者の樋口陽一は、国民主権が国家によって次第に空洞化されるという問題点をめぐって、つぎのように述べた。「『国民主権の貫徹』というかたちで主張されてきたところの実践的要求は、権力と国民との一体化を想定する『真の国民主権』の観念によってではなく、権力に対抗する人権という観念――これは、権力の実体と国民との分裂を前提とし、両者の緊張関係を前提とする観念です――によっておこなうべきではないか、と考えます」(『近代立憲主義と現代国家』、一九七三年)。

これに対し松下は、「この発想は、かえって国民主権による政治体制の構成という、憲法理論の中枢課題自体の実質的な放棄となる」と批判し、このような発想が生まれるのは、「国民主権を国家主権へと転化させるような日本の憲法学が、保守・革新をとわず、明示的ないし黙示的に継承している国家法人論的法技術構成を機軸として立論している」からだ、と述べた。

国家に対して人民はあくまで人権を楯に対抗すべきだとするこの「革新」的な考えかたは、「抵抗権」と「参政権」とがほんらい表裏の関係にあることを理論的に見逃し、「抵抗権」だけを単独に強調したのであった。

「市民自治の基本法」とは?

では松下の提起する「市民自治の基本法」とはどのようなものか、その大枠を見ていこう。

まず憲法とは、「国民社会において、市民自治により、市民自由・市民福祉を実現する、市民共和の基本準則」である。従来の「国家統治」という上からの目線ではなく、「市民自治」という下からの目線にポイントがあるが、これはたんなる標語ではなく、理論構成の柱となる原理・方法であった。「この市民自治こそが、憲法の組織原理たる国民主権の中核としてのデモスの支配の内実でなければならない。この市民自治は国家統治と対決する政治の構成原理なのである。こうして国民主権の日常的活性化としての『市民主権』化が提起されてくる」(『市民自治の憲法理論』)。「ついで、この国民主権の日常的活性化をふまえて、等質的と考えられてきた国民主権自体の分節化を必至とすることになる。この国民主権の分節化は、統一主権へと昇華する国民の等質イメージではなく、自治体レベル、国レベルの各レベルにおける多様な制度核を内包する国民の分節イメージを必要とする。ここにまた国民主権の『分節主権』化が設定される」(同上)。

ここから松下は、国民による自治体議会・政府、中央議会・政府、そして裁判所への「機構信託」という考えかたを提起する。つまり憲法に規定された政治機構は、主権者である国民がその権限を「信託」した組織にすぎず、それらに固有の権限などないという考えかたである。また政府は国家だけに存在するのではなく、自治体レヴェルにも対等に存在するという主張である。この「機構信託論」が松下憲法論のもう一方の柱となる。

このように、「自治」、「分権」は松下政治学の基本タームであるが、憲法理論の論理構成はこの「国民主権」ではなく、「基本的人権」から出発しなければならない。この出発点から憲法を定義すれば、憲法とは市民自由・市民福祉を基体とする基本的人権を「価値原理」とし、国民主権を「組織原理」とする政治の基本準則である、となる。

前者の権利章典が憲法の主体であり、それを制度的に保障する後者の組織章典が従と位置づけられる。このメインとサブの関係を明確にすることで、松下は「個人自由」がもっとも基底的な価値であることを強調した。

デモクラシーを指向する国民主権は、リベラリズムの基体である基本的人権とつねに対立する可能性があり、結果として全体主義に行き着く危険性を秘めているからである。そのため個人自由から出発し、国民主権を市民主権化・分節主権化する必要があった。

以上が松下の規定する「市民自治の基本法」の大枠である。以下、それぞれの議論をもう少しくわしく見ていこう。

「市民自由」と「市民福祉」

日本国憲法は第十一条で、「国民は、すべての基本的人権の享有を妨げられない。この憲法が国民に保障する基本的人権は、侵すことのできない永久の権利として、現在及び将来の国民に与へられる」と規定した。明治憲法における限定された臣民の権利から、日本国憲法における普遍的な基本的人権への転換は、歴史を画する出来事であった。

日本国憲法は、内容と成立手続きとの両面において、占領国アメリカの権力が大きく作用し、また連合国内の力関係が大きく反映していたけれども、松下は、基本的人権・国民主権・平和主義などの骨子自体は近代の世界普遍原理に基づくものだった、と主張する（しかし成立に関わる禍根はかんたんに払拭できるものではなく、主権者である国民の明示的なあらたな意思表明の機会が必要ではないかと私は考えるが、ここでの議論ではない）。

さて憲法は第十一条につづいて第四十条まで、信教の自由、表現の自由、財産権、生存権など各種の基本的人権、および国民としての諸権利と、教育・勤労・納税に関する義務とについての規定が明記されている。

松下によれば、基本的人権は「個人自由」にその原型をもち、市民自由（生命・自由）＝「自由権」と、市民福祉（生命・幸福の追求）＝「社会権」とに大別される。これは近代の政治原理の基本を提起したジョン・ロックの「固有権（プロパティ）」、すなわち「生命・自由・財産」にほぼ対応する。

自由権がそれ自体の権利であるのはいうまでもないが、それと同時に、組織章典を構成する手続権としても位置づけられる。「自由権は、（1）個人の実体権であると同時に、（2）市民自治ついで国民主権の構成の手続権をなす、という二重性格である。言論・集会・結社の自由は、まさに個人自由自体としての実体権であると同時に、市民自由・市民福祉の確立のための手続権という性格をも具備し、参政権・抵抗権の機能条件をなしている」。この「基本的人権の政治制度的実効手続」としての参政権・抵抗権に個人の「自衛権」を加えて、松下はひろく「個人の自治権」と呼んでいる（『市民自治の憲法理論』）。

個人自由を実質的に条件づけるための権利としての社会権は「労働権」と「生活権」とに分類され、後者はさらに「生存権」（社会保障）、「共用権」（社会資本）、「環境権」（社会保険）に下位分類される。労働権は市民の「基本所得」を保障するためのものであり、生活権は市民のための生活環境基準としての「シビル・ミニマム」を保障する。

「公共の福祉」は従来、「国家統治」による基本的人権の「抑制原理」と見なされてきたのだが、いまや個人による公共の構成、つまり市民自治の「共和原理」として位置づけなおされる。

私なりにかみくだいていえば、「いくら自由が大事といってもみんな（公共）の迷惑はだめだし、公共（国家）のために自分が犠牲にならなきゃならないときだってあるのだ」といった考えかたから、「だれかの自由を犠牲にしてだれかが自由を楽しむのではなく、みんながそれぞれ自由を楽しむにはどんなルールや手続きが必要なのだろうか」といった発想への転換である。

「市民主権」と「分節主権」

日本国憲法はその前文で、「ここに主権が国民に存することを宣言し、この憲法を確定する」と明記し（第一条の天皇規定においても、「主権の存する日本国民の総意に基く」とある）、大日本帝国憲法の天皇主権から国民主権へと主権のありかを一八〇度転換した。

松下はこの主権概念についても、ドラスティックな読み換えに挑戦した。前述したように、国民主権とは基本的人権を「価値原理」とする憲法の「組織原理」であるとして、基本的人権と国民主権を市民社会の内部で結合する「市民共和」を提唱した。

これまで国民主権は、国家統治の正統性の源泉として位置づけられてきたけれども、これは「絶対かつ無謬の君主主権の理論的倒置」にすぎず、「天皇機関説が国民機関説へと倒置されただけ」だった、と松下は断言する。

また国民主権という観念は、歴史的に「一般意思」の観念を中核に成立したものだが、これも統一的君主意思の裏返しとしての統一的一般意思であり、「多様な国民個人の複数意思を、君主意思にかわる単一意思に還元するための理論的発明品であった」、と松下は言明する。ほんらい多様な個人意思は相互調整あるいは制度統合されるべきものであり、そのための市民自治的決裁手続こそが憲法なのであった（『市民自治の憲法理論』）。ルソーの「一般意思」をめぐっては、これまでさまざまな解釈が競いあってきたけれども、そこには歴史的な要請を論理的に整合的な言葉に置き換えようとした無理があったということになる。

メンバー全員に公平に妥当するように、メンバー全員のあいだで一致した基本意思があれば、それが法や権力の行使の正当性の基準になる。そのかぎりで一般意思という発想は論理的に正当なものであった。

しかしそれはあくまで論理的な要請であり、国民主権とともに国民の一致した意思というものがあらかじめ想定されていたわけではない。実際のところは、主権の担い手である国民の個々人が、一般意思に相当する基準を構想しつつ、相互の目標や利害を調整しながら、その実現を図っていくしかないのであり、それ自体がきわめて大事なプロセスなのである。

さて松下によれば、従来の国家法人論では、国民の「前」憲法的な主権性は憲法「内」の機関性へと置換されることで、国民主権は国家主権へと形骸化された。「憲法理論の理論構成の原型は、実体化された憲法制定権力としての国民主権から国家主権を構成し、この国家主権の発動たる国家統治の基本法として憲法を位置づけ、法段階によってふたたび国民にたいして下降する、という理論構成をとっている。ここでは国民はさらに国家統治の『対象』に堕する」（同上）。

こうして「憲法制定権力」（カール・シュミット）は憲法被制定権力に置換され、国民主権は憲法改正時期を「例外」として永遠の休眠状態にはいる。ここまではおおむね従来から論じられてきたポイントであるが、松下のユニークな点は、そのあとの論理展開にある。

松下は、国民主権の日常的活性化としての「市民主権」という考えかたをあらたに提起する。国民主権は「市民自治」というかたちで、日常的に、批判と参画とをめぐって発動されねばならないのである。つまり「市民主権」とは、「憲法制定権力」の日常的発動であった。

市民主権が日常的に活性化されれば、国民主権は自治体レヴェル、国レヴェルの各レヴェルにおける分節化を当然とするようになるだろう。これが「分節主権」である。市民主権は国民主権の「主体」をあらたに意味づけした概念であり、分節主権はその「機能」をあらたに展開させた概念であった。

このような市民主権の観点に立てば、それぞれのレヴェルにおいて到達目標がことなるのは当然である。すなわち国の法律は全国最低保障・規制条件を「ナショナル・ミニマム」として規定し、自治体法によるさらなる上積みを「シビル・ミニマム」（自治体が最低限保障する生活環境基準）として規定することになるだろう（同上）。このシビル・ミニマムという言葉は松下政治理論のキータームのひとつであり、自治体改革のキーワードとなった。

しかし社会権が保障するのは基本的人権としてのミニマムであり、それ以上はむしろ個人の自由な選択に委ねられねばならない。国の政府や自治体が行なうサーヴィスはこのミニマムに限定されるべきであって、それ以上は個人が自由に自分たちの選択で行なうべき領域であり、行政が介入すべきではないのである。「ミニマム保障というデモクラシーと、個人選択というリベラリズムとの相互緊張が必要なのです」（松下圭一『日本の自治・分権』、一九九六年）。

機構信託論

以上のような国民主権の原理にしたがって、憲法理論は従来の「国家法人論」から、市民による自治体議会・自治体政府、中央議会・中央政府、そして各裁判所への「機構信託」の論理に構成を変えなければならない、と松下は主張する。

憲法前文に、「そもそも国政は、国民の厳粛な信託によるものであって、その権威は国民に由来し、その権力は国民の代表者がこれを行使し、その福利は国民がこれを享受する」と明記されており、高校まではそのように教えられていたにもかかわらず、大学に入ると国家法人論を暗黙のベースにした講義が展開され、代表的な憲法教科書の索引にすら「信託」の文字がないことを松下は指摘する。

これは『市民自治の憲法理論』刊行当時の昔話ではなく、それから四十年近い現在においても事情が変わらないことを松下は近著で慨嘆している。たとえば『広辞苑』などの代表的な辞書においても、いまだに近代国家が「主権・領土・国民」という三要素によって、つまり国民を国家の一要素とする国家法人論の発想で定義されているというのだ（『成熟と洗練』、二〇一二年）。

国家法人論では、国民は国家内部の「要素」あるいは「機関」であるから、政府が実質的に国家主権をになうことによって、国民主権は空洞化する（たんなる「源泉」と位置づけられる）。だが機構信託論においては、政府は主権者である国民の受託者にすぎず、国民と政治機構（政府・代表）は明確に区別される。そのうえで、政府の活動は主権者である国民の不断のフィードバックにさらされねばならないのである。

また国家法人論においては、自治体は国家主権に「下属」する組織にすぎないが、機構信託論に立てば、市民がはじめからもっている立法権・行政権が、それぞれ基礎自治体＝市町村、広域自治体＝都道府県、そして国に「複数信託」されるという筋道になる（『市民自治の憲法理論』）。

松下はさらに、自衛権は国家本来の属性ではなく、市民個々人の自衛権が政府に信託されたものだと主張する。そして自衛権の分権化の具体例として、自治体の「有事」立法という課題を提出した。防衛問題が国家のレヴェルでだけ論じられることへの具体的な批判であった。松下はその議論のなかで、保守・革新いずれにおいても、防衛論議が旧来の農村型モデルでなされていることを批判し、新たな都市型の防衛論争の必要を説いた（「都市型社会と防衛論争」、一九八一年）。

国のレヴェルだけを絶対化しない分権論の考えかたは、先に述べた菅内閣批判以来、再度保守主義者の怒りを買った論点である。しかしこの機構信託論的発想そのものは、七〇年代までは、国家を「階級支配のための暴力装置」と規定する左翼活動家や論客たちによって、「ブルジョア的国家観」として一笑に付されていたことを想いだしておきたい。

なお従来の憲法理論は、国会が憲法において「国権の最高機関」と位置づけられているにもかかわらず（第四十一条）、国会は「三権分立」の一機関である「立法機関」であり、「最高機関」という規定は「政治的美称」にすぎないといいつづけてきた。これに対しても松下は、官僚が政治を牛耳る明治憲法型の「官僚内閣制」の実態をくつがえすために、長年にわたって、内閣が国会に対して責任をもつ「国会内閣制」の実現を主張してきたのである（最近の著作としては『国会内閣制の基礎理論』、二〇〇九年）。

主権者による協同体

機構信託論に立てば「国家主権」というカテゴリー自体が不要になる、と松下は考えた（そもそも「国家主権」という言葉は憲法のなかにはない）。国民から信託された中央政府がきちんとその権限を行使しているかどうか、それを国民自身がチェックするという理論構成で十分だというのである。「機構信託論を取るならば、国家法人論的国家観念は崩壊し、国家は、国民と政治機構とに二元的に分解し、政治機構も国と自治体との機構に分節する。そこには、国民によって信託された、憲法にもとづく、国・自治体の機構の権限があるのみである。国家固有の主権・統治権は幻影にすぎない」（『市民自治の憲法理論』）。

それでもなお国民の対外的独立性を「国家主権」と呼びたいのであれば、その「国家主権」とはすでに国家の固有権ではなく、信託にともなう呼称の便宜にすぎない、と松下は述べる。憲法前文の「自国の主権」も国家主権を意味するのではなく、国民主権の対外的独立性と理解すべきだという。そのひとつの証拠として、松下は英訳憲法の「nations who would sustain their own sovereignty」という規定を挙げ、主権を有するのはあくまで国民それ自体であるとした。

しかしこれを国家不要論と取り違えてはならない。松下が不要と考えたのは国家に固有とされる「国家主権」という概念であり、それを中核とした国家観念であった。松下の『ロック「市民政府論」を読む』（一九八七年）によれば、ロック・モデル（近代市民国家に共通する一般モデル）では、社会契約によって成立するのは団体概念としての「社会」であり、機構概念としての政府は、個人の「自然権力」（自然権を守るために自然法をみずから執行する権力）を集約したものにすぎなかった。

つまり社会こそが個人の固有権（生命・自由・財産）の体系であり、この社会を構成するひとびとが政府に信託するのは、固有権を守るための自然権力にかぎられた。ホッブズやルソーの国家は、ひとたび契約が成立したあとにはきわめて強大な権力をもつことが許されるが、ロックの政府（国家ではない）はいつでも取り替え可能な政治機関にすぎなかったのである（とはいえ、市民各人の自己防衛力を集約した警察力・軍事力を独占するのだから、その実質は恐るべき存在なのだが）。

契約によって成立した社会においてすでに、個人権利としての自然権（固有権）は保障され、個人理性の体系としての自然法は相互に承認されていた。ロックの自然法は神に由来するから、すべての超越的なものを排除して成立したホッブズの社会契約論からの後退だったとする評価もあるが、松下によれば、ロックの神は人間理性の天上への反映にすぎない。したがってロックにおいても、自然法は対等な個人相互のルールと見なし得るのであった。

ロック・モデルでは、社会（シビル・ソサエティ）はすでに政治社会（ポリティカル・ソサエティ）であり、コモンウェルス（リパブリックと同義）を形成していた。であるならば、この政治社会＝コモンウェルスはすでに、立派な国民協同体にほかならなかったといっていいだろう。じじつコモンウェルスは「国家」と訳されることも多いのである。つまり松下は、政治社会というかたちで、ふつうに私たちがいう「国家」というテーマを論じていたのである。

私たちはいま、社会契約というフィクションに替わって、憲法という明示的なかたちで市民間のルールを確定し（その基礎にはむろん自然法に相当する相互主観的な政治意識があるのだが）、国レヴェルの政治社会を形成している。私はこの国民協同体を（その国民から信託された政治機構を含めて）「国家」と呼びたい。これは松下理論から見れば後退した用語法であるかもしれないが、いまの日本の国民協同体を問題とするためには有効不可欠な用語法であると考える。松下は理論的に「いま」から「先」を見ているのだが、私は思想的に日本の「いま」と、それを条件づけている「前」を議論の対象としたいからである。

この「国家」における国民は、主権者として日々の自治と分権を担う主体である。国家という存在を畏怖し讃仰する国民でもなければ、ただ国家を敵視し人権を楯にゲリラ戦を挑むだけの国民でもない。そしてこの国民協同体のメンバーによる「われわれ」という意識が「公民ナショナリズム」であり、旧来のエスニシティを根拠とするナショナリズムにとってかわるべき国民意識なのである（拙著『ナショナリズムの練習問題』、二〇〇五年）。

国民協同体の基礎原理

近代市民国家の存在理由は、構成員である国民個々人の自由と人権を擁護することにあった。すなわち、国内のメンバー間の利害と衝突を調整し、国外の危険から自国民の安全を守ることが国家の本務であった。

ふつう人権とは、「あらゆるひとが生まれながらにもち、だれからもけっしておかされない権利」であると説明される。すなわち人権とは時間的にも空間的にもそれぞれの共同体を越え出た普遍的な概念であり、西欧思想史のなかでは、「自然法」（人間の理性それ自体にもとづいて普遍的に存立するとされる法）にもとづく「自然権」に由来する。しかしこの説明だけだと、人権は太古のむかしからあったのだけれども、近代になってはっきり自覚されたのだという筋道になる。

だがいかに人権原理が自然法（という考えかた）によって基礎づけられていたとしても、ただそれだけでは絵に描いた餅にすぎない。人権という概念をひとびとが知的かつ倫理的に理解し、共通了解として合意するという手続きを経なければ、人権の正当性は保障されず、実効性も生まれなかったからである。つまり人権とは、相互承認という基盤のうえに確立された約束ごと（ルール）なのである。だから人権という概念はむしろ、近代になって発明された原理であると考えるべきであろう。そもそもいまでも、法学者を除く日本人に、自然法などという発想があるだろうか。

人間がさまざまな思想や心情にもとづき、それぞれの生きかたをしていることの根底には、自由という人間の本質があった。その本来的な自由を各人に保障するのが人権という原理であった。また個々人がすべてその自由な主体であることを相互に確認し、その自由実現のための条件を規定した理念が、平等であった。

くりかえしていえば、市民それぞれの自由と（その自由を各人に保障する）人権とを市民それぞれが相互に承認することで、最初の合意が成立する。これが近代市民社会の第一次のルールである。この人権をめぐる一次的なルールを中核におき、さらに人権を保持する各人の意向や利害を調整・組織するための二次的なルールを確定したルールブック、これが憲法であった。すなわち国民が制定し運営する国レヴェルのもっとも基本のルールが憲法であり、国家（国民協同体）とは憲法という大きなルールのもとに運営されるゲームなのである。

だから憲法の基本は対等な国民のあいだの自由・人権の相互承認という「価値原理」であり、国民主権によって信託された政治機構が執行する国家権力と国民との関係は、「信託」をめぐる「組織原理」つまり二次的なルールなのである。これが論理的な順序である。

「守りの人権」から「攻めの主権」へ

ところがこの国でこの四半世紀ほどのあいだにいろいろな論客によって唱えられ、いまや定説化しつつあるようにも見える憲法規定がある。ひとことでいうと、「憲法とは国家に対する国民の命令である」という説だ。歴史をマグナカルタまで遡っても、近代市民革命から考えても、憲法とは、たしかに国家の最高権力者にさまざまな枷をはめる重要なツールであった。日本の明治憲法は欽定憲法（天皇が定めた憲法）ではあったけれども、それでも近代憲法として国家権力を制限するいろいろな条文にいろどられていた。

この憲法国民命令説を主張する論客たちは、歴史的な根拠に加えて、理論上の根拠として、「立憲主義」の理念をあげる。立憲主義とは、国家の権力は憲法の規定にしたがって行使されねばならないとする、きわめて正当な考えかたである。

民主国家では、国民が民主的な手続きを経て、国家の権力を行使する政府を選定する。ここで選ばれた政府は国民によって「信託」された権力だから、当然国民が定めたルール＝憲法にしたがって権力を行使しなくてはならない。

もし政府がルールを無視したり侵害したりした場合には、国民はその政府を解任し、あらたな政府を選定しなおす正当な権利をもつ。あらたな政府に再度「信託」をあたえるというプロセスを踏むのである。どんな政府が選ばれたにしても、その権力の根拠はこのルール以外にはあり得ない。また国民はみずから信託した政府に対して、さまざまな制限を加えるけれども、この制限もむろんルールにもとづいたものである。

国民が憲法を定めて公権力に縛りをかけコントロールする、というふうに立憲主義をとらえれば、たしかに「憲法とは国家に対する国民の命令である」。しかしはたしてこの関係をもって、憲法の基本としていいのだろうか。

さらにこの説の主唱者たちがあげる法文上の論拠に、日本国憲法第九十九条の条文がある。そこにはこう書いてある。「天皇又は摂政及び国務大臣、国会議員、裁判官その他の公務員は、この憲法を尊重し擁護する義務を負ふ」。

すなわち憲法を守らなければならないのは、ここにあげられた天皇と行政・立法・司法をつかさどるひとたちであって、国民一般ではないというのがかれらの主張である。

たしかに今上天皇が模範的な憲法の尊重者・擁護者であることは国民のよく知るところであり、また首相が個人の信条として改憲派であっても、現行憲法に違反する政治を行なうことは許されない。公立学校の行事として、ミサやお会式《えしき》を行なうことも論外である。ここだけを取り出せば、まさに「国家に対する命令」である。

しかしこの規定は、対等な国民各人のあいだに取り結ばれた基本的なルールを、国家機関に侵害させないために規定されたルールなのではないだろうか。国民によって信託された国家機関や自治体の構成員（公務員）が、憲法に規定された諸ルールを守らなければならないのは当然すぎることであり、これをもって憲法の基本と見なすことはできないだろう。

たしかに憲法の条文の多くは権力を縛る規定ではあるけれども、もし憲法は国家だけが守るべきものであり、国民が守る必要はないというのであれば、では国民相互のルールはどこに規定されているのか。自然法だというのだろうか。むしろ憲法こそ、主権者である国民相互のあいだで設立した基本ルールと考えるべきではないか。そして当然、この基本ルールによって、国民はみずからが信託した政府に縛りを掛けるのである。

この問題は、憲法とはなにかという「事実」問題ではなく、憲法とはわれわれにとってなにであるべきかという「当為」問題なのである。そこを出発点にしないかぎり、議論は不毛な堂々巡りを繰り返すばかりになるだろう。

そして、憲法とは「国家に対する国民の命令である」という点だけを強調しすぎると、国家権力に対し「これしちゃ、いけないよ！」、「これしてくれなきゃ、だめよ！」と「守りの人権」を主張するばかりになり、国民みずからの「攻めの主権」の主張が後退することになるのではないか。松下圭一が批判した樋口陽一の、人権をもって国家権力に対決するという発想とおなじパターンが、ここでも繰り返されているといえないだろうか。

そういう点から見ると、憲法国民命令説は国家と国民とを対立図式でとらえた戦後思想の延長線上に位置することが判明する（この説の担い手には保守主義者も多いのだが、その保守主義者もまた革新主義者と同型の国家認識をもっていたことになる）。

松下が近著で述べるように、国家を敵視した戦後左翼は、「実質は官僚型計画経済を夢みる国家社会主義者」であり、「階級闘争をテコにブルジョア国家観念を裏返しただけで、プロレタリア階級の名による国家統治をめざしていたにすぎない」のであった（『成熟と洗練』）。むしろ松下の「近代主義的」な国家観（国家批判）のほうが、戦後日本の国家観のアポリアを突破する理論的な力をもち、国民協同体を担う主体に勇気と可能性をあたえるものではなかっただろうか。

第Ⅱ部のまとめ　国家（国民協同体）とはわれわれの人権と主権をめぐるゲームである

井伏鱒二の『黒い雨』のなかに、原爆投下から四日後の広島の焼跡で作業する兵隊たちの描写がある。かれらは炎天の下で、焼け焦げ、腐爛した死体を運んでは、大きな穴のなかで焼いていた。それはもう処理とでも呼ぶしかない絶望的な作業であった。

兵隊のひとりが、「わしらは、国家のない国に生まれたかったのう」とつぶやく。ふつうの兵隊の口からこぼれた率直な感慨であった。

国家などというものさえなければ、こんな悲惨なことにはならなかった。軍事力を独占した国家だけが戦争をするのだ！

だから国家など要らないのか？　吉本隆明は、原理的にはそう考えた。

だから国家は軍備を放棄すべきなのか？　大江健三郎たち護憲派は、戦力の不保持を明記した憲法第九条の護持を誓った（吉本もまた九条支持である）。

しかし九条は、日本を軍事的に無力化するアメリカの戦後戦略と、二度の大戦を経て獲得された不戦の理想とが、奇しくも合致して成立したものであった。アメリカの都合が変われば、日本不戦化の方針も変更される。

一九四九年、中国に共産党政権が誕生し、翌五〇年に朝鮮戦争が勃発したとき、日本占領部隊の大半を朝鮮半島に送り込んだアメリカは、その留守番役として「警察予備隊」の設立を日本政府に命令した。五一年に締結された講和条約は、日米安全保障条約とセットにされていた。占領軍の基地は安保に保証された米軍基地となり、その補助部隊として「保安隊」（のち自衛隊）が設立された。独立を果した日本は引き続きアメリカに従属した（住民を巻き込む激しい地上戦の戦場となった沖縄は、その後も占領が続き、一九七二年にようやく施政権が返還されたが、いまだに米軍基地の七〇パーセント以上が沖縄に存在する）。

その後、自衛力強化と憲法改正を企図する日本政府に、護憲派は対決した。国家に戦争をさせない、戦争の準備をさせない、ということが戦いの主眼となった。

五〇年代には「青年よ、再び銃をとるな」、「婦人よ、夫や子供を戦場に送るな」というスローガンが唱えられた。「六〇年安保」の大衆的な盛り上がりも、「アメリカの戦争に巻き込まれる」という不安が、運動の大きな動因となっていた。

護憲派の久野収は、「防衛目標が国民の生命、財産、生活原理であれば、戦争の波及自身が、防衛目標を破壊しないわけにはいかない。だから、軍事的安全保障は、抑止的効果しかもたない。ところが、軍事的安全保障は、一方で戦争を抑止する効果をもつかもしれないが、他方で戦争をまねきよせる効果をもつことも否定できない。それが、軍備という防衛方法の宿命なのである」、と述べた（「平和を焦点とする二五年」、一九六九年）。抑止力は同時に戦争を招き寄せる効果をもつため、結局のところ防衛目標を守れない、というパラドックスが指摘されている。

久野はまたつぎのようにいう、「〝攻撃は最善の防衛なり〟を防衛の不変の公理だと考えれば、軍備的防衛や軍備に後押しされた平和的攻勢は、はなはだ積極的にみえながら、実は逆に、はなはだ消極的防衛技術にすぎないのだという結論はさけられないでしょう。なぜかといえば、軍備による防衛を攻撃にまで積極化させれば、それは相手に武力戦を挑発するのと同じでありますから、できない相談というものです。それは、もはや防衛ではなく、武力戦争なのです」(「核の傘にかわる非武装的防衛力」、一九六九年)。ここでも防衛力は攻撃力であるというパラドックスが指摘されている。

ともに護憲派の思想を縮約した言葉であるが、しかしこの練達の平和論も、軍備による防衛の矛盾を突くという背理法としてしか語られていない。「防衛力」をもつ国家は戦争をする！　だから非武装の国家だけが平和国家である、と。

「進歩的」な戦後思想にとって、武装した国家は否定の対象であった(社会主義国家の軍備は、「アメリカ帝国主義」への対抗手段としておおむね黙認された)。とりわけ侵略の前科をもつ日本が武装することは許されなかった。したがって自衛力という名の武力を有する現国家権力は、打倒の対象でしかなかった。

第Ⅰ部で見てきたように、かれらの大部分は、かつての侵略戦争をもっぱら軍国主義勢力や天皇制国家の責任に帰したうえで、その罪悪を指弾し、その非を認めようとしない戦後の保守政権を糾弾しさえすれば(自分たちの当時の無力を嚙みしめながらとはいえ)、みずからの思想的責任は全うされると考えた。戦争体験とその責任とを祖父母や父母のこととして、戦後責任に関してはわれわれすべてのこととして、とらえようとする意識に欠けていたのである。

すなわち他人事《ひとごと》としての戦争批判と戦争責任論とが繰り返されてきたのであった。これらの歴史認識に釈然としないひとたちはやがて、日本は「自存自衛」の戦争を戦ったのだという正当化の論理に奔った。こうして不幸で無益な対立が固定された。

この歴史認識とうらはらの関係にあったのが、戦後の国家観であった。現国家を敵視するばかりの（それでいて社会主義国家の全体主義体制にはほとんど批判の目を向けない）「進歩的」な思想と、国家法人論を暗黙の前提とした「国家統治」の支配的な政治理念とが、おたがい敵対しながらも、国家対国民という対立図式あるいは包摂図式だけは共有しあった。

おなじ図式のなかで、一方は国家が国民を包み込もうとし、もう一方は包み込まれまいとして抗っていたのである。国家観の戦後体制ともいうべき事態であった。

祖父母や父母たちの戦争責任を軍国主義勢力の侵略意志に還元し、事後的かつ外部的な視線から糾弾してきた「進歩派」の戦争批判と、それに心理的に反撥し、日本近代の戦争を正当化の論理で糊塗してきた「保守派」の戦争観との対立構図は、国家観の対立に重ねあわされていたのである。

本書のなかでは、「進歩派」の戦後思想の批判に多くのページを割いた。しかし反共イデオロギーと大時代的な国家意識を振りかざすばかりで、戦争責任の問題に謙虚に向きあわず、国家の存在理由を真摯に問いなおすことをも回避しつづけた、大方の保守派の戦後思想もまた、同型の問題を抱えていたのである。

左右両派ともに、国家を主権者である国民の立場から、すなわちみずからの権限・責任領域としてとらえ、その自治に参画し変革しようとする余地はなかった。二〇一二年四月に発表された自民党の「日本国憲法改正草案」は、現憲法があいまいにしていた点を明確にするなど、評価すべき点もないではないけれども、基本的に国家法人論に立つ国家観を強化しようとする、きわめて大時代な憲法案に仕上がった。それに対する批判がまた、「憲法で国家権力を縛る」という立憲主義のスローガンを振り回すばかりの、安易な発想のうえに成り立っている。

もう一度基本から考え直してみよう。私たちはどんなルールでこの社会を生きているのだろうか。私たち個々人はできるだけ自由に生きていきたい、ひとにもできるだけ自由に生きていってほしい、そう考える（長い歴史的な経緯を経て、そう考えるようになった、あるいはそう考えざるを得なくなった）。これが個々人に自由を保障する人権という概念を私たちが正当だと考える基本のモチーフである。またいま私たちは、この私たち自身に政治の最終的な決定権があることを当然と考えている。しかし国民の個々人のあいだでそれを認めあい、絶対君主などの既存の権力に力ずくでそれを認めさせたのは、歴史的にそう遠いことではなかった。

この人権という原理を私たちの頭のなかに刻みつけておくだけでなく、どこかにルールとして書き込んでおきたい。時の権力者にもはっきりわきまえておいてもらいたい。さらに国のいちばんの決定権は自分たち国民にあるのだということも、明記しておきたい。そうやって出来上がったのが、ルールブックとしての憲法である。これを憲法（あるいはその代替物）というかたちで明文化しなければ、われわれにとってのいちばん大事な倫理コードをどこで確認すればよいのだろうか。

さて人間はだれもが自由に生きようとすれば、かならず個々人の利害や意向が衝突しないわけにはいかない。働き蟻のようにだれもがおなじ目標に向かって黙々と動いているわけではないからだ。

それが人間が自由であるということの証しなのである。

ではどうするか。みんなの意向や利害を調整し、それぞれのテーマに対応した諸ルールの体系をつくる必要がある。メンバーが多く複雑な社会においては、そのための専門的な代議機関がなければ、とても収拾がつかない。この専門機関が国会であり、日本国では「国権の最高機関」と位置づけられている。行政の最高権力である内閣総理大臣もこの国会で選ばれる（国会内閣制）。

国会でさまざまなルールを取り決め、政府がそれを執行する。また裁判所がその適法性を判断し、違反に対してはしかるべく処断する。これらの機関がそういう権限を発動できるのは、もともと国民がそれらの機関に、そういう業務をするように「信託」していたからである。これも憲法に明記されている。

託したのが国民、託されたのがそれらの国家機関である。だから天皇および政治家・官僚・裁判官などの公務員は、国民の決めたルールに沿ってそれぞれの仕事をしなければならない。憲法で基本ルールを定め、公権力にはそれをしっかり守って仕事をしてもらう、これが立憲主義という考えかただ。

しかし信託すれば、それで終わりではない。それでは信託された権力のなすがままである。権力はつねに腐敗するのが通例であるから、不断のチェックを怠ってはならない。またそれにとどまらず、松下圭一が説いたように、国民個々人が批判し参画する「自治」と「分権」というかたちで、私たちの主権を自分たちの手で、いろいろなレヴェルにおいて実現していくことが、私たちの権利であり、責務でもある。

それはかなり面倒なことであるし、やりかたもなかなかわからない。だからたまたま関心をもったところから、そのひとなりに少しずつ取り組んでいくしかない。しかしそれだけでも、選挙の日だけ主権者気分に浸り、あとは「お国」のいいなりになっているよりは、あるいは時に人権を楯に国家権力に刃向かっているよりは、ずっと主権の実質的な行使であり、あえていえば、ずっと「愛国」的な行為なのである。また第一章の最後にふれたように、主権者としての自覚が、戦争に対する責任の意識をもたらすのである。

国民主権を基軸とする民主主義と、人権を基軸にする自由主義とは、近代の二大政治原理ではあるが、両者は予定調和されてはいない。それどころか、対立する可能性も大きいのである。多数という正当性をもって、個人の不可侵の権利を侵害するといった事例はいくらでもある。国民協同体のメンバーとしての私たちが、人権と主権とをめぐる国民相互の、そして国民と政府とのあいだのゲームのプレイヤーとして、実践的に不断に調整していくしかないのだ。

だがそのなかに、感情的で不毛な論争を繰り返してきた、戦後の国家をめぐる対立を突破する思想的なルートが開かれているのではないだろうか。どのような方法でもよい、まず国家対国民という包摂の図式あるいは対立の図式を抜け出すことである。

引用・参照文献（著者名はあいうえお順。作品名は引用・参照順。刊行年は引用・参照文献のもの、初出・初版年を記した本文と異同がある）

網野善彦『日本中世の非農業民と天皇』（岩波書店、一九八四年）
網野善彦『「日本」とは何か』（講談社、二〇〇〇年）
ベネディクト・アンダーソン『増補 想像の共同体』白石さや・白石隆訳（NTT出版、一九九七年）
池田浩士『火野葦平論』（インパクト出版会、二〇〇〇年）
井崎正敏「『侵略戦争』の語り方」（『ナショナリズムの練習問題』、洋泉社・新書y、二〇〇五年）
井崎正敏『ナショナリズムの練習問題』（洋泉社・新書y、二〇〇五年）
井崎正敏『天皇と日本人の課題』（洋泉社・新書y、二〇〇三年）
石川達三『生きている兵隊』（中公文庫、一九九九年）
伊藤桂一『南京城外にて』（光人社、二〇〇一年）
井伏鱒二『黒い雨』（新潮社、一九六六年）
内村剛介『生き急ぐ——スターリン獄の日本人』（三省堂、一九六七年）
大江健三郎『みずから我が涙をぬぐいたまう日』（講談社文芸文庫、一九九一年）
大江健三郎「セヴンティーン」（『われらの文学18 大江健三郎』、講談社、一九六五年）
大江健三郎「政治少年死す」（『文學界』、一九六一年二月号）
大江健三郎『取り替え子（チェンジリング）』（講談社文庫、二〇〇四年）

大江健三郎『水死』（講談社、二〇〇九年）
大江健三郎『憂い顔の童子』（講談社文庫、二〇〇五年）
大江健三郎『さようなら、私の本よ！』（講談社文庫、二〇〇九年）
大江健三郎『万延元年のフットボール』（講談社文芸文庫、一九八八年）
大江健三郎『同時代ゲーム』（新潮文庫、一九八四年）
大江健三郎『臈たしアナベル・リイ総毛立ちつ身まかりつ』（新潮社、二〇〇七年）
大江健三郎『懐かしい年への手紙』（講談社文芸文庫、一九九二年）
大岡昇平『俘虜記』（新潮文庫、一九九三年）
大西巨人「俗情との結託」（『戦争と性と革命』、三省堂、一九六九年）
大西巨人「再説　俗情との結託」（『戦争と性と革命』、三省堂、一九六九年）
大西巨人『神聖喜劇』第一冊（カッパ・ノベルス、一九六八年）
大西巨人『神聖喜劇』全五巻（ちくま文庫、一九九一―九二年）
大西巨人「面談　長篇小説『神聖喜劇』について」（『大西巨人文選3　錯節』、みすず書房、一九九六年）
鹿島茂「吉本隆明さんを悼む」（『読売新聞』二〇一二年三月十七日夕刊）
鹿島茂『吉本隆明１９６８』（平凡社新書、二〇〇九年）
姜尚中「吉本隆明を悼む」（『朝日新聞』二〇一二年三月二十七日夕刊）
菅直人『大臣　増補版』（岩波新書、二〇〇九年）
共同通信社社会部編『沈黙のファイル』（共同通信社、一九九六年）
久野収「平和を焦点とする二五年」（『平和の論理と戦争の論理』、岩波書店、一九七二年）
久野収「核の傘にかわる非武装的防衛力」（『平和の論理と戦争の論理』、岩波書店、一九七二年）

小浜逸郎『吉本隆明』（筑摩書房、一九九九年）
子安宣邦『近代知のアルケオロジー』（岩波書店、一九九六年）
坂口安吾「堕落論」（ちくま文庫版『坂口安吾全集』第十四巻、一九九〇年）
マイケル・サンデル『これからの「正義」の話をしよう』鬼澤忍訳（早川書房、二〇一〇年）
清水幾太郎『日本よ国家たれ　核の選択』（文藝春秋、一九八〇年）
勢古浩爾『最後の吉本隆明』（筑摩書房　二〇一一年）
瀬島龍三『大東亜戦争の実相』（ＰＨＰ研究所、一九九八年）
高橋源一郎「吉本隆明さんを悼む」（『朝日新聞』二〇一二年三月十九日朝刊）
田川建三『思想の危険について』（インパクト出版会、一九八七年）
中野重治「第二次世界戦におけるわが文学」（『中野重治全集』第二十一巻、筑摩書房、一九七八年）
西部邁『国民の道徳』（産経新聞社、二〇〇〇年）
野間宏『真空地帯』上・下（岩波文庫、一九五六年）
花田俊典「火野葦平の手紙」（『国文学』二〇〇〇年十一月号）
火野葦平「年譜」（『火野葦平選集』第八巻、東京創元社、一九五九年）
火野葦平『革命前後』（『火野葦平兵隊小説文庫』9、光人社、一九八〇年）
火野葦平「追放者」（『火野葦平選集』第七巻、東京創元社、一九五八年）
火野葦平「悲しき兵隊」（『火野葦平選集』第七巻、東京創元社、一九五八年）
火野葦平「戦争犯罪人」（『火野葦平選集』第四巻、東京創元社、一九五九年）
火野葦平『火野葦平選集』第四巻　自筆解説（東京創元社、一九五九年）
火野葦平『青春と泥濘』（『火野葦平選集』第四巻、東京創元社、一九五九年）

火野葦平「異民族」(『火野葦平選集』第七巻、東京創元社、一九五八年)
火野葦平「断崖」(『火野葦平選集』第七巻、東京創元社、一九五八年)
火野葦平「鎖と骸骨」(『火野葦平兵隊小説文庫』4、光人社、一九八〇年)
火野葦平「全滅」(『火野葦平兵隊小説文庫』4、光人社、一九八〇年)
火野葦平「歩哨戦」(『火野葦平選集』第二巻、東京創元社、一九五八年)
火野葦平「敵将軍」(『火野葦平選集』第二巻、東京創元社、一九五八年)
火野葦平『陸軍』上・下(中公文庫、二〇〇〇年)
火野葦平「南京」(『火野葦平選集』第二巻、東京創元社、一九五八年)
火野葦平『土と兵隊』(改造社、一九三八年、『火野葦平選集』第二巻、東京創元社、一九五八年)
火野葦平『麦と兵隊』(改造社、一九三八年、『火野葦平選集』第二巻、東京創元社、一九五八年)
火野葦平『花と兵隊』(『火野葦平選集』第二巻、東京創元社、一九五八年)
本多勝一『中国の旅』(朝日文庫、一九八一年、『本多勝一集』第十四巻、朝日新聞社、一九九五年)
本多勝一・長沼節夫『天皇の軍隊』(朝日文庫、一九九一年)
本多勝一『南京への道』(朝日文庫、一九八九年)
本多勝一『南京大虐殺と日本の現在』(金曜日、二〇〇七年)
本多勝一・星徹・渡辺春己『南京大虐殺と「百人斬り競走」の全貌』(金曜日、二〇〇九年)
本多勝一『大江健三郎の人生　貧困なる精神X集』(毎日新聞社、一九九五年)
松下圭一「大衆天皇制論」(『戦後政治の歴史と思想』、ちくま学芸文庫、一九九四年)
松下圭一「続・大衆天皇制論」(『戦後政治の歴史と思想』、ちくま学芸文庫、一九九四年)
松下圭一『市民自治の憲法理論』(岩波新書、一九七五年)

松下圭一『日本の自治・分権』（岩波新書、一九九六年）
松下圭一『成熟と洗練』（公人の友社、二〇一二年）
松下圭一「都市型社会と防衛論争」（『都市型社会と防衛論争』、公人の友社、二〇〇二年）
松下圭一『国会内閣制の基礎理論』（岩波書店、二〇〇九年）
松下圭一『ロック「市民政府論」を読む』（岩波書店、一九八七年）
丸山眞男座談「丸山先生を囲んで」（『丸山眞男座談』第七冊、岩波書店、一九九八年）
丸山眞男座談「戦争と同世代」（『丸山眞男座談』第二冊、岩波書店、一九九八年）
丸山眞男「超国家主義の論理と心理」（『丸山眞男集』第三巻、岩波書店、一九九五年）
丸山眞男「近代日本の知識人」（『丸山眞男集』第十巻、岩波書店、一九九六年）
丸山眞男「野間君のことなど」（『丸山眞男集』第六巻、岩波書店、一九九五年）
山本七平『私の中の日本軍』（文藝春秋、一九九七年）
湯本香樹実『夏の庭』（新潮文庫、二〇〇一年）
吉田裕『日本人の戦争観』（一九九五年、岩波書店）
吉田裕『天皇の軍隊と南京事件』（青木書店、一九八六年）
吉田裕『兵士たちの戦後史』（岩波書店、二〇一一年）
吉本隆明インタヴュー「科学技術に退歩はない」（『毎日新聞』二〇一一年五月二十七日夕刊）
吉本隆明インタヴュー「科学に後戻りはない」（『日本経済新聞』二〇一一年八月五日朝刊）
吉本隆明インタヴュー「『反原発』で猿になる！」（『週刊新潮』二〇一二年一月五・十二日合併号）
吉本隆明「日本のナショナリズム」（『吉本隆明全著作集』第十三巻、勁草書房、一九六九年）
吉本隆明「情況とはなにか」（『吉本隆明全著作集』第十三巻、勁草書房、一九六九年）

吉本隆明「自立的思想の形成について」（『吉本隆明全著作集』第十四巻、勁草書房、一九七二年）
吉本隆明『カール・マルクス』（『吉本隆明全著作集』第十二巻、勁草書房、一九六九年）
吉本隆明「転向論」（『吉本隆明全著作集』第十三巻、勁草書房、一九六九年）
吉本隆明「マチウ書試論」（『吉本隆明全著作集』第四巻、勁草書房、一九六九年）
吉本隆明「擬制の終焉」（『吉本隆明全著作集』第十三巻、勁草書房、一九六九年）
吉本隆明「想い出メモ」（『吉本隆明全著作集』第五巻、勁草書房、一九六九年）
吉本隆明「前世代の詩人たち」（『吉本隆明全著作集』第五巻、勁草書房、一九六九年）
吉本隆明「前衛的コミュニケーションについて」（『吉本隆明全著作集』第十三巻、勁草書房、一九六九年）
吉本隆明「わが『転向』」（『わが「転向」』、文春文庫、一九九七年）
吉本隆明「日本における革命の可能性」（『わが「転向」』、文春文庫、一九九七年）
吉本隆明『高村光太郎』（講談社文芸文庫、一九九一年）
吉本隆明「思想的不毛の子」（『吉本隆明全著作集』第五巻、勁草書房、一九六九年）
吉本隆明「丸山真男論」（『吉本隆明全著作集』第十二巻、勁草書房、一九六九年）
吉本隆明「戦後思想の荒廃」（『吉本隆明全著作集』第十三巻、勁草書房、一九六九年）
吉本隆明対談「どこに思想の根拠をおくか」（『吉本隆明対談集　どこに思想の根拠をおくか』、筑摩書房、一九七二年）
吉本隆明「情況への発言（一九八六年十一月）」（『「情況への発言」全集成』3、洋泉社、二〇〇八年）
吉本隆明「解説」（ちくま文庫版『神聖喜劇』第三巻、一九九二年）
吉本隆明『共同幻想論』（角川文庫、一九八二年）
吉本隆明「個人・家族・社会」（『吉本隆明全著作集』第四巻、勁草書房、一九六九年）

吉本隆明「国家論」（『吉本隆明全著作集』第十四巻、勁草書房、一九七二年）
吉本隆明「天皇制および日本宗教の諸問題」（『吉本隆明全天皇制・宗教論集成』、春秋社、一九八九年）
吉本隆明「天皇および天皇制について」（『吉本隆明全天皇制・宗教論集成』、春秋社、一九八九年）
吉本隆明「宗教としての天皇制」（『吉本隆明全天皇制・宗教論集成』、春秋社、一九八九年）
吉本隆明「南島論」（『吉本隆明全天皇制・宗教論集成』、春秋社、一九八九年）
吉本隆明『「ならずもの国家」異論』（光文社、二〇〇四年）

あとがき

毎年敗戦の日が近づくと、メディアではさまざまな戦争特集が組まれる。新聞には戦争体験者からの「悲惨な戦争体験」譚が寄せられる。それぞれに胸に迫る内容である。ＴＶは外交・戦略の失敗や侵略事実に関するドキュメンタリーやドラマを放映し、あらたな資料や解釈による歴史書も出版される。こちらからも教えられることが多い。

しかし私は長年にわたって、これらの情報をあるパターンにしたがって背後から再生産する基本の姿勢と認識に、違和感をいだきつづけてきた。これが本書のモチーフとなった。

戦争指導者たちが満州事変から「大東亜戦争」終結に至る戦争のあいだに、さまざまの局面で戦略的な判断を誤り、戦場および銃後の国民の多くの命を失わせ、多大な被害をあたえたことは、大筋としてはそのとおりである。戦争はまちがいなく悲惨な体験であった。

またアジアでの戦争が、他国の領土に侵入し、略奪し、命を奪った侵略戦争であったことは厳然たる事実である（それに対して、空襲・原爆と沖縄における地上戦をのぞいて、日本本土は戦場になっていない）。それにとどまらず、日本軍がその戦場でさまざまの残虐行為をはたらいたことも、残念ながら認めざるを得ない事実である。

したがって私が違和感をいだくのは、これらの事実問題ではない（もちろん個々の事実認定についてときに異論があるのはいうまでもないが）。その語られかたである。

たとえば日本軍の「残虐行為」を告発するときに、なぜ被告人を追い詰める検察官の口調になるのだろうか。被告人はたったひとにぎりの「軍部ファシスト」ではない。

本文で何度も強調したことではあるが、もう一度いおう。日本近代の戦争は、私たちの父母や祖父母が（高齢者の場合はご本人が）戦った戦争である。みんながみんな、「お国のために」いやいや駆りだされたわけではない。それなりに懸命に戦列に加わったのである。父や祖父が戦場で闘い、銃後から母や祖母が支えていたのである。戦争の悲惨な体験者も、一方では健気な「少国民」であり、「愛国婦人」であった。侵略行為の責任の一端はかれらにも及ばざるを得ない。

しかしこの「われら」の戦争という視点が戦後の言説からいつのまにか欠落し、戦争は軍部指導者や天皇という「かれら」が行なった暴虐行為としてだけ表象され、その結果、告発は糾弾調になったのである。兵隊の行為が問われる場合も、すぐさま命令者の責任に転嫁された。

これはけっして些細な問題ではなく、戦後思想の大きな失態であった。本文でくわしく検討したように、その失態を戦後思想はずっと引きずりつづけたのである。

そしてこの戦争の語りかたの問題点が、そのまま国家の語りかたというふたつめの問題点に引き継がれた。ここでも、国家を「主権者」である「われら」の問題として引き受けるのではなく、国民に敵対する機関、統治する機関としてだけ国家像は描き出された。本書はこういう戦争と国家をめぐる戦後思想の語りかたに対する異議申し立ての試みである。

その一方、戦争についても、国家についても、「われら」の問題として引き受けて展開した思想の系譜があった。メジャーな流れに拮抗したこの思想について、本文では半分以上のページを割き、その可能性について力説した。私たちがバトンを受け継ぐべきは、このひとたちの思想である（昨二〇一二年の赤坂真理『東京プリズン』は、きわめてユニークなかたちでそのバトンを受け継いだ作品である）。

本書は、これら戦後日本におけるふたつの（バランスを欠きながらも）拮抗した系譜のなかから、代表的な語りを取り上げて、そこを集中的に論ずるという方法を選択した。第一章の冒頭に取り上げたエピソードのように、たまたま個人的な体験から語りはじめた例もないではないが、題材の多くはこの問題を語るのにもっとも象徴的と考えられるテクストを選んだ。序章を含めて全八章のうち、半分の章で文学作品を論じているけれども、それは、それらの作品が、これらの問題に格好のテクストを提供してくれると考えたからである。

東京大学の「戦後思想の言語論的批判」と題した講義のなかで本書の骨子を話したのは、二〇一〇年度後期のことだった。ところが学生たちの反応がいつになく鈍い。例年授業のあとには何人かの学生が質問に来たものだが、このときはアメリカから来た大学院生が毎回話しにきただけだった（かれは本書では取り上げなかった福田恆存や伊藤整や中島健蔵まで知っていた）。

「語りかた」を問題にしようというのに、まず私の語りかたが若いひとたちにうまく伝わっていないことに気づかせられたわけである。そこで本書を書くにあたっては、学生たちを退屈させた思想史的な細部の叙述などは省略し、予備知識なしに読者を引き込む魅力に富んだ文学作品をあらたに大幅に導入することにした。

二〇一一年の二月に書きはじめたところ、3・11、とくに原発事故に頭から冷水を浴びせられて、執筆を中断した。脱原発のための勉強や行動のためであったが、「言説の有効性」の問題をいま一度考えなおす必要に迫られたためでもあった。ようやく再開したときに吉本隆明氏が亡くなった。序章を全面的に書き換えた。それでも二〇一二年の秋にいちおうの脱稿にこぎつけた。

小川哲生氏はこのときすでに洋泉社を退社していたが、進んで草稿を読み、本書のモチーフにすぐさま支持を表明した。洋泉社で三冊の本を担当していただいた小川氏に、今回またフリー編集者としてお世話になった。小川氏の信頼する言視舎社長の杉山尚次氏は、二次稿を読むや即座に出版快諾のサインを出してくださった。おふたりに深甚の謝意を表したい。

二〇一三年一〇月一日

井崎正敏

井崎正敏（いざき・まさとし）
批評家。1947年、東京生まれ。東京大学文学部倫理学科卒業後、筑摩書房に入社。「ちくま学芸文庫」編集長、「ちくま新書」編集長、専務取締役編集部長などを経て、2001年に退社、批評活動に入る。この間に武蔵大学客員教授、東京大学・明星大学非常勤講師なども務めた。主な著書に、『天皇と日本人の課題』『ナショナリズムの練習問題』（いずれも洋泉社・新書y）、『倫理としてのメディア』（NTT出版）、『〈考える〉とはどういうことか？』（洋泉社）がある。

編集協力………小川哲生、田中はるか
DTP制作………勝澤節子

〈戦争〉と〈国家〉の語りかた
――戦後思想はどこで間違えたのか

飢餓陣営叢書6

発行日❖2013年11月30日　初版第1刷

著者
井崎正敏

発行者
杉山尚次

発行所
株式会社**言視舎**
東京都千代田区富士見2-2-2 〒102-0071
電話 03-3234-5997　FAX 03-3234-5957
http://www.s-pn.jp/

装丁
菊地信義

印刷・製本
㈱厚徳社

© Masatoshi Izaki, 2013, Printed in Japan
ISBN978-4-905369-75-2 C0336

言視舎刊行の関連書

飢餓陣営叢書１
増補　言視舎版
次の時代のための吉本隆明の読み方

978-4-905369-34-9

吉本隆明が不死鳥のように読み継がれるのはなぜか？　思想の伝承とはどういうことか？　たんなる追悼や自分のことを語るための解説ではない。読めば新しい世界が開けてくる吉本論、大幅に増補して、待望の復刊！

村瀬学著　聞き手・佐藤幹夫　　四六判並製　定価1900円＋税

飢餓陣営叢書２
吉本隆明の言葉と「望みなきとき」のわたしたち

978-4-905369-44-8

３・１１大震災と原発事故、９・１１同時多発テロと戦争、そしてオウム事件。困難が連続する読めない情況に対してどんな言葉が有効なのか。安易な解決策など決して述べることのなかった吉本思想の検証をとおして、生きるよりどころとなる言葉を発見する。

瀬尾育生著　聞き手・佐藤幹夫　　四六判並製 定価1800円＋税

飢餓陣営叢書３
生涯一編集者
あの思想書の舞台裏

978-4-905369-55-4

吉本隆明、渡辺京二、田川建三、村瀬学、清水眞砂子、小浜逸郎、勢古浩爾……４０年間、著者と伴走してきた小川哲生は、どのようにして編集者となり、日々どのような仕事のやり方をしてきたのか。きれいごとの「志」などではない、現場の本音が語られる。

小川哲生著　　四六判並製　定価1800円＋税

飢餓陣営叢書４
石原吉郎
寂滅の人

978-4-905369-62-2

壮絶な体験とは、人に何を強いるものなのか？ラーゲリ（ソ連強制収容所）で八年間、過酷な労働を強いられ、人間として、体験すべきことではないことを体験し、帰国後の生を、いまだ解放されざる囚人のように生きつづけた詩人・石原吉郎の苛烈な生と死。著者「幻の処女作」ついに刊行！

勢古浩爾著　　四六判並製　定価1900円＋税

飢餓陣営叢書５
徹底検証　古事記
すり替えの物語を読み解く

978-4-905369-70-7

「火・鉄の神々」はどのようにして「日・光の神々」にすり替えられたのか？　古事記を稲作共同体とその国家の物語とみなすイデオロギーに対し、「鉄の神々の物語」であるという視座を導入、新たな読みを提示する。

村瀬学著　　四六判上製　定価2200円＋税